Der Finanzratgeber
für den Start ins Leben

Timo Nützel

DER **FINANZ-RATGEBER** FÜR DEN START INS LEBEN

Von A wie Aktie
bis Z wie Zinsen –
was jeder über
Geld, Steuern und
Versicherungen
wissen sollte

TIMO NÜTZEL

Börsenbuchverlag

Gestaltung Cover: Johanna Wack
Gestaltung, Satz und Herstellung: Maja Hempfling
Illustrationen: Zhaidar Abdramanov, Sudowoodo, Skylines/Shutterstock
Lektorat: Sebastian Politz
Korrektorat: Merle Gailing
Druck: CPI books GmbH, Leck

ISBN 978-3-86470-980-7

Bibliografische Information der Deutschen Nationalbibliothek:
Die Deutsche Nationalbibliothek verzeichnet diese Publikation in der Deutschen Nationalbibliografie; detaillierte bibliografische Daten sind im Internet über <http://dnb.d-nb.de> abrufbar.

BÖRSEN MEDIEN
AKTIENGESELLSCHAFT

Postfach 1449 • 95305 Kulmbach
Tel: +49 9221 9051-0 • Fax: +49 9221 9051-4444
E-Mail: info@plassen-buchverlage.de
www.boersenbuchverlag.de
www.facebook.com/plassenverlag
www.instagram.com/plassen_buchverlage

Für meinen Vater –
deine Vorfreude trägt jede Seite,
auch wenn du sie nicht mehr
aufschlagen kannst.

Disclaimer

Die in diesem Buch enthaltenen Informationen wurden nach bestem Wissen und Gewissen sorgfältig recherchiert und zusammengestellt. Dennoch kann keine Gewähr für die Vollständigkeit, Richtigkeit oder Aktualität der Inhalte übernommen werden. Dieses Buch stellt keine Anlageberatung, Finanzberatung oder sonstige professionelle Beratung dar und ersetzt keine individuelle Beratung durch qualifizierte Fachpersonen. Jegliche Nutzung der Informationen erfolgt auf eigene Verantwortung. Fehler und Irrtümer sind nicht ausgeschlossen.

INHALT

Teil 4 Versicherungen

Teil 5 Altersvorsorge

Teil 6 Steuern verstehen und nutzen

Teil 7 Wohnen – Miete oder Eigentum?

Teil 8 Verträge, Konsum und Nachhaltigkeit

Teil 9 Geld und Beziehungen

Teil 10 Bildung und Karriereplanung

EINLEITUNG: DEIN WEGWEISER ZUR FINANZIELLEN FREIHEIT

Hey du! Ja, genau du! Egal ob du gerade zur Schule gehst, deine Ausbildung machst oder schon mitten im Studium steckst – dieses Buch ist für dich. Warum? Weil es um etwas geht, das in unserem Leben eine riesige Rolle spielt, aber in der Schule oft zu kurz kommt: Geld und wie du damit umgehst.

Stell dir vor, du stehst vor dem Supermarktregal und überlegst, ob du dir die teure Schokolade aus der Schweiz gönnen solltest oder doch lieber die günstigere Variante nimmst. Oder aber du träumst von deinem ersten eigenen Auto, weißt aber nicht, wie du das finanzieren sollst. Vielleicht bist du auch kurz davor, dein erstes Gehalt zu bekommen, und fragst dich, wie du am besten damit umgehst. All das sind finanzielle Entscheidungen, die dein Leben beeinflussen – und genau darum geht es in diesem Buch.

Warum dieses Buch wichtig ist

Seien wir mal ehrlich: In der Schule lernen wir eine Menge Theorie. Du kannst wahrscheinlich die Photosynthese erklären, den Satz des Pythagoras anwenden oder Shakespeare interpretieren. Aber wenn es darum geht, wie man ein Budget erstellt oder was eigentlich Steuern sind, stehen viele von uns im Regen. Das ist keine Kritik an dir, deiner Schule oder auch an deinen Eltern – es ist einfach Realität, dass Finanzbildung oft zu kurz kommt.

Die Lücken in der schulischen Finanzbildung sind wie ein blinder Fleck in unserem Bildungssystem. Da ihnen allzu oft kein praktisches Wissen vermittelt wird, fehlt vielen jungen Menschen auch der praktische Bezug zum täglichen Umgang mit Geld. Das führt dazu, dass viele ins Erwachsenenleben starten, ohne grundlegende finanzielle Kenntnisse zu besitzen. Sie wissen nicht, wie man ein Konto eröffnet, wie Kreditzinsen funktionieren oder was es bedeutet, in Aktien zu investieren.

Diese fehlende Finanzbildung kann weitreichende Folgen haben. Stell dir vor, du würdest Autofahren lernen, ohne je etwas über Verkehrsregeln gehört zu haben. Das klingt gefährlich, oder? Genauso ist es mit Finanzen. Ohne grundlegendes Wissen darüber, wie Geld funktioniert, wie man spart oder investiert, tappen viele junge Menschen im Dunkeln. Das führt oft zu Fehlentscheidungen – mit schweren langfristigen Folgen.

Ein klassisches Beispiel: Versetz dich in die Lage, dass du gerade deinen ersten Job angetreten hast und dich über dein erstes eigenes Geld freust. Anstatt einen Teil davon zurückzulegen, gibst du alles aus für coole Klamotten, Feiern und das neueste iPhone. Ein paar Monate später geht dein Laptop kaputt und du hast kein Geld für einen neuen. Ohne dir Gedanken über die Zinsen zu machen, nimmst du einen Kredit auf, den dir der Elektrofachmarkt angedreht hat. Resultat? Du sitzt in der Schuldenfalle, bevor dein Berufsleben richtig begonnen hat.

Oder schwenken wir herüber zu deiner Freundin Sarah, 23, frisch mit dem Studium fertig. Sie hat einen gut bezahlten Job, aber anstatt sich um ihre Altersvorsorge zu kümmern, denkt sie sich, dass sie für das Thema noch zu jung ist und sich damit noch Zeit lassen kann. Was Sarah nicht weiß: Gerade in jungen Jahren kann man mit relativ wenig Geld dank des Zinseszinseffekts ein kleines Vermögen für später aufbauen. Indem sie den frühen Start verpasst, entgehen ihr potenzielle Gewinne, die ihr später eine komfortablere finanzielle Zukunft ermöglicht hätten.

Diese Beispiele zeigen, dass finanzielle Bildung kein Nice-to-have ist, sondern ein Must-have. Sie ist der Schlüssel zu einem selbstbestimmten Leben, in dem du die Kontrolle über dein Geld hast – und nicht umgekehrt. Es geht darum, Entscheidungen treffen zu können, die langfristig positive Auswirkungen auf dein Leben haben.

Bedeutung von finanzieller Bildung für deine persönliche Zukunft

Jetzt fragst du dich vielleicht: „Okay, verstanden. Aber was bringt mir das konkret?“ Eine ganze Menge! Stell dir finanzielle Bildung wie einen Kompass vor, der dir hilft, deinen Weg durchs Leben zu finden – egal ob du gerade von zu Hause ausziehst, dein erstes Auto kaufst oder von einer Weltreise träumst.

Mit solidem Finanzwissen kannst du zunächst einmal finanzielle Unabhängigkeit erreichen. Das bedeutet, dass du nicht von einem Gehalt zum nächsten leben musst, sondern die Freiheit hast, deine finanziellen Entscheidungen selbst zu treffen. Du lernst, wie du mit deinem Geld umgehst, wie du Budgets erstellst und einhältst und wie du langfristig planst. Diese Fähigkeiten geben dir die Sicherheit, auch in finanziell herausfordernden Zeiten den Überblick zu behalten.

Ein besseres Verständnis für Geldmanagement und Investitionen zu entwickeln ist ein weiterer wichtiger Aspekt. Du verstehst, wie du dein Geld für dich arbeiten lassen kannst. Du lernst, wie Aktien und Anleihen oder andere Anlageklassen funktionieren, wie man klug in Immobilien investiert oder ein diversifiziertes Portfolio aufbaut. Dieses Wissen ermöglicht es dir, fundierte Entscheidungen zu treffen und dein Vermögen langfristig zu vermehren. Ebenso wichtig ist es, Schulden und finanzielle Fallen zu vermeiden. Mit dem richtigen Finanzwissen erkennst du riskante Situationen, bevor du hineintappst. Du lernst, zwischen guten und schlechten Schulden zu unterscheiden, und weißt, wie du dich vor Überschuldung schützt.

Darüber hinaus befähigt dich finanzielle Bildung dazu, dir realistische und erreichbare finanzielle Ziele zu setzen. Ob es darum geht, für den Kauf eines Eigenheims zu sparen, eine Weltreise zu finanzieren oder frühzeitig in Rente zu gehen – du lernst, wie du diese Träume Schritt für Schritt verwirklichen kannst. Du verstehst, wie du Zwischenziele setzt, deinen Fortschritt misst und bei Bedarf Anpassungen vornimmst. Ein oft unterschätzter Vorteil finanzieller Bildung ist der stressfreiere Umgang mit Geld. Viele Menschen empfinden beim Gedanken an Geld Angst und Sorgen. Mit dem richtigen Wissen und den passenden Werkzeugen kannst du diese Ängste abbauen oder dafür sorgen, dass sie gar nicht erst entstehen. Du fühlst dich sicherer in finanziellen Entscheidungen und kannst gelassener mit unerwarteten finanziellen Herausforderungen umgehen.

Zielsetzung des Buches: Praktisches Wissen vermitteln

Mein Ziel mit diesem Buch ist, dir einen Werkzeugkasten an die Hand zu geben, mit dem du deine finanzielle Zukunft selbst in die Hand nehmen kannst. Ich möchte komplexe Finanzthemen einfach und verständlich erklären. Keine Sorge, ich werde dich nicht mit Fachbegriffen erschlagen. Stattdessen erkläre ich dir alles so, als würde ich mit einem guten Freund reden. Wir gehen zusammen auf eine Reise durch die Welt der Finanzen und machen auch vor schwierigeren Themen nicht halt – aber immer auf eine Art und Weise, die du verstehen und in deinem Alltag anwenden kannst. Ein weiterer wichtiger Aspekt unseres Buches sind die konkreten Tipps und Strategien für den Alltag. Dieses Buch ist kein theoretisches Konstrukt, sondern dein alltäglicher Begleiter. Du erfährst, wie du das Gelernte direkt anwenden kannst. Ob es darum geht, dein erstes Budget zu erstellen, clever zu sparen oder deine ersten Investitionen zu tätigen – ich gebe dir Schritt-für-Schritt-Anleitungen an die Hand, die du sofort umsetzen kannst und mit denen du Zusammenhänge erkennst. Mein übergeordnetes Ziel ist es, dass du nach dem Lesen in der Lage bist, selbstständig finanzielle Entscheidungen zu treffen, die zu deiner Situation passen. Am Ende sollst du nicht nur wissen, was du tust, sondern auch verstehen, warum du es tust.

An wen richtet sich dieses Buch?

Dieses Buch ist in erster Linie für dich gedacht, wenn du zwischen 15 und 30 Jahre alt bist. Du bist vielleicht noch Schüler, Student oder Auszubildender und stehst am Anfang deiner finanziellen Reise. Möglicherweise hast du gerade deinen ersten Job begonnen und verdienst zum ersten Mal eigenes Geld. Oder du bist schon etwas weiter und möchtest lernen, wie du besser mit deinen Finanzen umgehen kannst. Ich habe dieses Buch speziell für junge Menschen geschrieben, die ihre finanzielle Zukunft selbst in die Hand nehmen wollen. Vielleicht hast du schon gemerkt, dass Geld eine wichtige Rolle in deinem Leben spielt, weißt aber nicht so recht, wo du anfangen sollst. Oder du interessierst dich für Wirtschaft und Finanzen, findest das Thema aber zu komplex oder einschüchternd. Dieses Buch soll dir helfen, diese Hürden zu überwinden, und dich Schritt für Schritt an die Welt der Finanzen heranführen.

Aber nicht nur du als junger Mensch kannst von diesem Buch profitieren. Es ist auch für Eltern und Erziehungsberechtigte gedacht, die ihren Kindern beibringen möchten, verantwortungsvoll mit Geld umzugehen. Viele Eltern fühlen sich unsicher, wenn es darum geht, mit ihren Kindern über Geld zu reden. Sie wissen nicht, wie sie wichtige Finanzthemen ansprechen und erklären sollen. Oft haben sie selbst erhebliche Wissenslücken. Dieses Buch bietet Anregungen und Gesprächsansätze, um gemeinsam mit den Kindern Wissen über Finanzthemen zu erwerben und darüber zu diskutieren. Zudem können Eltern dieses Buch nutzen, um ihr eigenes Finanzwissen aufzufrischen. Oft stellen Kinder Fragen, die Eltern zum Nachdenken über ihre eigenen finanziellen Gewohnheiten und Entscheidungen anregen. Indem Eltern gemeinsam mit ihren Kindern lernen, können sie nicht nur ihr eigenes Wissen auffrischen oder sogar erweitern, sondern auch eine offene Gesprächskultur über Geld in der Familie etablieren.

Auch für Lehrer und Pädagogen ist dieses Buch geeignet. Es bietet zahlreiche Ansätze, um das Thema Finanzen im Klassenzimmer lebendig und praxisnah zu vermitteln. Lehrer können darin Ideen zu diesem

Thema für Projektarbeiten und Gruppenaufgaben finden, die Schüler aktiv einbinden und zum Nachdenken anregen. Das Buch liefert Hintergrundinformationen, die Lehrer nutzen können, um Schüler bei finanziellen Fragen zu unterstützen. Darüber hinaus bietet das Buch Anregungen, wie man Finanzbildung fächerübergreifend in den Unterricht integrieren kann. Finanzen betreffen nicht nur den Mathematik- oder Wirtschaftsunterricht, sondern können auch in Fächern wie Deutsch (etwa beim Verfassen von Bewerbungen), Sozialkunde (etwa bei der Diskussion über soziale Gerechtigkeit) oder sogar im Kunstunterricht (etwa bei der Gestaltung von Werbung) thematisiert werden.

Wie du dieses Buch am besten nutzt

Damit du den größtmöglichen Nutzen aus diesem Buch ziehen kannst, möchte ich dir ein paar Tipps mit auf den Weg geben. Zunächst einmal ist es wichtig zu verstehen, wie das Buch aufgebaut ist. Es ist in verschiedene Teile gegliedert, die aufeinander aufbauen. Wir beginnen mit den Grundlagen des Geldes und der persönlichen Finanzen, bevor wir uns komplexeren Themen wie Investitionen, Altersvorsorge und Steuern widmen. Wenn du bereits Vorwissen hast oder dich im Moment für ein konkretes Thema interessiert, musst du das Buch nicht von vorn bis hinten durchlesen – such dir die Themen aus, die dich am meisten interessieren oder die für deine aktuelle Lebenssituation am relevantesten sind. Wenn du gerade deinen ersten Job antrittst, könnte der Teil über Gehaltsverhandlungen und Steuern besonders interessant für dich sein. Planst du gerade auszuziehen, sind vielleicht die Kapitel über Budgetierung und Mietverträge besonders hilfreich.

Um das Gelesene besser zu verarbeiten und zu behalten, empfehle ich dir, aktiv mit dem Buch zu arbeiten. Mach dir Notizen, unterstreiche wichtige Passagen oder schreibe dir Gedanken an den Rand. Diese aktive Auseinandersetzung mit dem Inhalt hilft dir nicht nur, die Informationen besser zu verinnerlichen, sondern regt auch deine eigenen Überlegungen zu den Themen an. Einige Kapitel enthalten

Anmerkungen, dass du weiterführende Themen oder Links zu praktischen Tools auf meiner Website findest. Das hat den Grund, dass sich manche Infos in dieser schnelllebigen Zeit schnell ändern können und in diesem Buch nach mehreren Jahren vielleicht nicht mehr aktuell sind.

Ein weiterer wichtiger Tipp ist, das Gelesene mit anderen zu diskutieren. Tausche dich mit deinen Freunden oder deiner Familie über die Themen aus. Oft ergeben sich durch Gespräche neue Perspektiven und Ideen. Vielleicht stellst du fest, dass deine Freunde ähnliche finanzielle Herausforderungen haben, und ihr könnt voneinander lernen. Solche Diskussionen können auch dazu beitragen, dass Finanzthemen in deinem Umfeld weniger tabu sind und offener besprochen werden. Besonders wichtig ist es, das Gelernte in die Praxis umzusetzen. Wissen ist Macht, aber nur, wenn du es auch anwendest. Versuche deshalb, die Tipps und Strategien Schritt für Schritt in deinem Alltag umzusetzen. Beginne mit kleinen, überschaubaren Aufgaben. Je mehr du das Gelernte anwendest, desto selbstverständlicher wird der Umgang mit Finanzen für dich. Denk daran, dass Finanzbildung kein Sprint, sondern ein Marathon ist. Es braucht Zeit und Übung, um finanzielle Konzepte zu verstehen und anzuwenden. Nimm dir regelmäßig Zeit, um an deinen Finanzkenntnissen zu arbeiten. Vielleicht reservierst du dir jeden Sonntag eine halbe Stunde, um deine Finanzen zu überprüfen und zu planen. Diese Regelmäßigkeit hilft dir, am Ball zu bleiben und kontinuierlich dazuzulernen. Nutze auch die zusätzlichen Ressourcen, die ich dir im Buch empfehle.

Ich lade dich ein, dieses Buch als Startpunkt für deine finanzielle Bildungsreise zu sehen. Es ist ein Werkzeug, das dir helfen soll, deine finanzielle Zukunft selbst in die Hand zu nehmen. Ich möchte dich ermutigen, über deine eigenen finanziellen Gewohnheiten nachzudenken. Was machst du gut? Wo gibt es Verbesserungspotenzial? Diese Selbstreflexion ist der erste Schritt zur Verbesserung deiner finanziellen Situation. Setze dir persönliche Finanzziele. Wo möchtest du in einem Jahr, in fünf Jahren oder in zehn Jahren finanziell stehen? Diese Ziele können dir als Motivation dienen und dir helfen, fokussiert zu bleiben. Entwickle einen konkreten Aktionsplan, um diese Ziele zu erreichen. Welche Schritte kannst du heute, nächste Woche oder nächsten Monat unternehmen, um deinen Zielen näher zu kommen?

Denke daran: Es gibt keine dummen Fragen, wenn es um Finanzen geht. Je mehr du fragst, hinterfragst und ausprobierst, desto mehr wirst du lernen und wachsen. Finanzen mögen manchmal komplex erscheinen, aber mit der richtigen Einstellung und den richtigen Werkzeugen kann jeder ein Experte werden. Dieses Buch ist dein Reiseführer in die Welt der Finanzen – voller praktischer Tipps, Aha-Momente und hoffentlich auch ein paar Lacher. Denn auch wenn Geld eine ernste Sache ist, heißt das nicht, dass wir keinen Spaß dabei haben können. Ich möchte, dass du dich auf diese Reise freust und neugierig bist auf das, was du entdecken wirst.

Vergiss nicht: Jeder Finanzprofi hat mal als Anfänger angefangen. Auch du machst gerade den ersten Schritt auf dem Weg zu deiner finanziellen Freiheit. Sei stolz darauf und freue dich auf alles, was du in diesem Buch lernen wirst. Finanzielle Bildung ist wie ein Muskel – je mehr du sie trainierst, desto stärker wird sie. Mit diesem Buch hast du deinen persönlichen Trainingsplan in der Hand. Bist du bereit, deine finanzielle Zukunft in die Hand zu nehmen? Großartig! Dann lass uns jetzt gemeinsam auf diese spannende Reise gehen. Ich verspreche dir: Es wird eine lohnende Erfahrung sein, die dir nicht nur dabei hilft, besser mit Geld umzugehen, sondern die auch dein gesamtes Leben positiv beeinflussen kann. Denn finanzielle Freiheit bedeutet letztendlich mehr Wahlmöglichkeiten und die Fähigkeit, das Leben zu führen, das du dir wünschst. Also, los geht's!

Teil 1

GRUNDLAGEN DES GELDES UND DER FINANZEN

1

DIE ROLLE DES GELDES IN UNSEREM LEBEN

Stell dir vor, du wachst eines Morgens auf und plötzlich gibt es kein Geld mehr. Wie würde dein Tag aussehen? Wie würdest du an Essen kommen, deine Miete bezahlen oder dein Smartphone aufladen? Ziemlich schwierig, oder? Geld ist so selbstverständlich in unserem Alltag, dass wir oft vergessen, welche zentrale Rolle es in unserem Leben spielt. Aber keine Sorge, ich bin hier, um dir die faszinierende Welt des Geldes näherzubringen!

Die Geschichte des Geldes ist eine spannende Zeitreise. Stell dir eine Welt vor, in der du deine selbst gebackenen Kekse gegen ein neues T-Shirt tauschen müsstest. Klingt kompliziert, oder? Aber genau so war der Alltag in Zeiten des Tauschhandels. Die Menschen tauschten Waren und Dienstleistungen direkt miteinander. Doch wie du dir denken kannst, brachte dies Probleme mit sich. Es war oft schwierig, jemanden zu finden, der genau das hatte, was man brauchte, und gleichzeitig das wollte, was man anbot. Außerdem wärst du mit der Frage konfrontiert, wie viele Kekse du für ein T-Shirt hergeben musst – welchen Wert das T-Shirt also hat. Die Wertbestimmung war eine echte Herausforderung.

Um diese Probleme zu lösen, begannen die Menschen, bestimmte Gegenstände als Tauschmittel zu verwenden. In verschiedenen Kulturen waren das zum Beispiel Muscheln, Salz oder sogar Vieh. Mit der Zeit setzten sich Edelmetalle wie Gold und Silber durch. Sie waren haltbar, teilbar und hatten einen relativ stabilen Wert. So entstanden die ersten Münzen.

Die Vorstellung, mit einem Sack voller Goldmünzen durch die Gegend zu laufen, erschien den Menschen allerdings reichlich unpraktisch. Hier kam das Papiergeld ins Spiel. Es begann als eine Art Quittung für physisch hinterlegtes Gold. Die Menschen erkannten, dass diese Papiere genauso wertvoll waren wie das Gold selbst, solange alle daran glaubten. Vertrauen wurde zur neuen Grundlage des Geldsystems. Der Goldstandard, bei dem der Wert einer Währung durch Gold gedeckt war, prägte lange Zeit das globale Finanzsystem. Doch im 20. Jahrhundert wurde der Goldstandard nach und nach abgeschafft. Warum? Weil er die Geldpolitik der Länder stark einschränkte und in Krisenzeiten zu Problemen führte. Heute basieren die meisten Währungen auf dem Vertrauen in die Wirtschaftskraft und Stabilität eines Landes.

Zwischenzeitlich hat die Digitalisierung unseren Umgang mit Geld revolutioniert. Wann hast du das letzte Mal Bargeld in der Hand gehabt? Viele von uns bezahlen hauptsächlich mit Karte oder sogar mit dem Smartphone. Geld hat sich zu Daten verwandelt, die blitzschnell um die Welt fließen. Onlinebanking, kontaktloses Bezahlen und internationale Überweisungen in Sekundenschnelle – all das wäre vor wenigen Jahrzehnten noch undenkbar gewesen. Und dann gibt es da noch Kryptowährungen wie Bitcoin. Sie existieren nur digital und werden nicht von Banken oder Regierungen kontrolliert. Stattdessen basieren sie auf komplexen mathematischen Algorithmen und der Blockchain-Technologie. Diese dezentralen Währungen versprechen mehr Transparenz und Unabhängigkeit von traditionellen Finanzsystemen. Allerdings sind sie auch sehr volatil und bergen Risiken.

Eine kompakte Zusammenfassung, welche Funktionen Geld heutzutage erfüllt:

1. Tauschmittel: Geld macht den Austausch von Waren und Dienstleistungen einfach. Stell dir vor, du möchtest ein Konzertticket kaufen. Anstatt dem Veranstalter deine Mathenachhilfe anzubieten, gibst du ihm einfach Geld. Er

kann damit dann kaufen, was er braucht. Diese Funktion des Geldes hat den Handel enorm vereinfacht und beschleunigt.

2. Recheneinheit: Geld hilft uns, den Wert von Dingen zu vergleichen. Ist das neue Smartphone sein Geld wert? Wie viele Stunden müsstest du dafür arbeiten? Geld gibt uns eine gemeinsame Sprache, um über Werte zu sprechen. Ohne diese Funktion wäre es extrem schwierig, den relativen Wert verschiedener Güter und Dienstleistungen zu bestimmen.
3. Wertaufbewahrungsmittel: Geld ermöglicht es uns, Wert über die Zeit zu bewahren. Du kannst heute Geld verdienen und es für die Zukunft aufheben. Das klingt einfach, ist aber tatsächlich revolutionär. In früheren Zeiten war es schwierig, Werte langfristig zu speichern, da viele Güter verderblich waren. Allerdings musst du dabei die Inflation im Auge behalten – die allgemeine Preissteigerung, durch die dein Geld mit der Zeit weniger wert wird.

Jetzt wird es psychologisch: Hast du schon einmal darüber nachgedacht, was Geld für dich bedeutet? Für manche ist es ein Symbol für Erfolg, für andere Sicherheit oder sogar Macht. Diese emotionale Verbindung zum Geld beeinflusst stark, wie wir damit umgehen. Vielleicht kennst du jemanden, der jeden Cent zweimal umdreht, während ein anderer sein Gehalt kurz nach Monatsanfang nahezu komplett beim Feiern ausgibt. Das hat oft weniger mit dem tatsächlichen Kontostand zu tun als mit unserer inneren Einstellung zum Geld. Unsere Beziehung zum Geld wird stark von unseren Erfahrungen und unserem Umfeld geprägt. Wenn du in einer Familie aufgewachsen bist, in der Geld immer knapp war, könnte das dazu führen, dass du sehr sparsam mit Geld umgehst – oder im Gegenteil, dass du jede Gelegenheit nutzt, Geld auszugeben, sobald du welches hast. Diese emotionalen Muster zu erkennen und zu hinterfragen kann der erste Schritt zu einem gesünderen Umgang mit Finanzen sein.

Die Verhaltensökonomie, ein faszinierendes Forschungsgebiet, untersucht, wie wir Menschen finanzielle Entscheidungen treffen. Und – das wird dich nicht wundern – wir sind oft alles andere als rational. Wir neigen dazu, kurzfristige Belohnungen zu bevorzugen, auch wenn es langfristig nicht klug ist. Dieses Phänomen nennt man „hyperbolic discounting". Es erklärt, warum wir manchmal lieber heute shoppen gehen, anstatt für die Zukunft zu sparen. Ein anderer interessanter Effekt ist der „Besitztumseffekt". Wir neigen dazu, Dinge, die wir besitzen, höher zu bewerten als gleichwertige Dinge, die wir nicht besitzen. Das kann dazu führen, dass wir an Investments festhalten, obwohl es klüger wäre, sie zu verkaufen. Auch der „Herdentrieb" spielt eine große Rolle bei unseren finanziellen Entscheidungen. Wenn „alle" in eine bestimmte Aktie investieren oder ein bestimmtes Produkt kaufen, fühlen wir uns oft gedrängt, mitzumachen – auch wenn es vielleicht nicht die beste Entscheidung für uns persönlich ist.

Marketingexperten kennen diese psychologischen Schwächen und nutzen sie geschickt aus. Das nächste Mal, wenn du einen Werbespot siehst, achte mal darauf, wie sie versuchen, deine Emotionen anzusprechen. Sie kreieren oft ein Gefühl von Dringlichkeit oder Exklusivität, um uns zum Kauf zu drängen.

Geld spielt auch eine große Rolle in unserer Gesellschaft. Es ist ein heikles Thema, aber wir müssen darüber sprechen: die ungleiche Verteilung von Vermögen. In den meisten Ländern besitzt ein kleiner Teil der Bevölkerung einen Großteil des Vermögens. Die Gründe dafür sind vielfältig: unterschiedliche Startbedingungen, Bildungschancen, aber auch Faktoren wie Glück oder Beziehungen. Diese Ungleichheit hat weitreichende Folgen. Sie kann zu sozialen Spannungen führen, die Chancengleichheit beeinträchtigen und sogar die wirtschaftliche Entwicklung eines Landes bremsen. Andererseits argumentieren einige, dass Vermögensunterschiede wichtige Anreize für Innovation und harte Arbeit schaffen. Diese komplexe Thematik führt zu hitzigen Debatten über soziale Gerechtigkeit und mögliche Umverteilungsmaßnahmen wie progressive Steuersysteme oder Erbschaftsteuern.

Interessant ist auch, wie unterschiedlich Kulturen mit Geld umgehen. In manchen Ländern gilt Sparen als höchste Tugend, während in anderen der demonstrative Konsum zum guten Ton gehört. In Japan zum Beispiel wird traditionell großer Wert auf Sparsamkeit gelegt. In den USA hingegen ist der Konsum oft ein Ausdruck von Status und Erfolg. In einigen Kulturen ist es üblich, finanziell für die gesamte Großfamilie verantwortlich zu sein. In vielen afrikanischen und asiatischen Ländern ist es normal, dass erfolgreiche Familienmitglieder einen großen Teil ihres Einkommens mit der erweiterten Familie teilen. In westlichen Kulturen steht dagegen meist die individuelle finanzielle Unabhängigkeit im Vordergrund.

Auch der Umgang mit Schulden variiert stark: Während in manchen Ländern Kredite als normaler Teil des Wirtschaftslebens gesehen werden, gelten sie in anderen als Zeichen von Unverantwortlichkeit. In den USA zum Beispiel ist es üblich, für das Studium Kredite aufzunehmen, während in Deutschland Studienkredite weniger verbreitet sind.

Diese kulturellen Unterschiede zeigen sich auch in der Art, wie Menschen investieren. In manchen Kulturen wird der Aktienmarkt als spannende Möglichkeit gesehen, Wohlstand aufzubauen, während in anderen eher auf „sichere" Anlagen wie Immobilien oder Gold gesetzt wird. In Deutschland etwa gibt es traditionell eine Vorliebe für Bausparer und Lebensversicherungen, während in den USA eine stärkere Aktienkultur herrscht.

Zum Abschluss möchte ich dich ermutigen, dein eigenes Verhältnis zum Geld zu reflektieren. Welche Rolle spielt es in deinem Leben? Welche Einstellungen hast du von deiner Familie oder deinem Umfeld übernommen? Sind diese Einstellungen hilfreich für deine finanziellen Ziele oder hindern sie dich vielleicht sogar daran? Überlege auch, wie du Geld als Werkzeug nutzen kannst, um deine Ziele zu erreichen und ein erfülltes Leben zu führen. Geld sollte nicht der Mittelpunkt deines Lebens sein, aber ein kluger Umgang damit kann dir viele Möglichkeiten eröffnen – sei es für Bildung, Reisen, soziales Engagement oder einfach mehr Sicherheit und Freiheit in deinen Entscheidungen. Geld ist weit mehr als nur Münzen und Scheine. Es ist ein faszinierendes System, das unsere Gesellschaft zusammenhält und unser tägliches Leben beeinflusst. Es hat eine lange Geschichte, erfüllt wichtige Funktionen und beeinflusst unser Verhalten oft mehr, als uns bewusst ist. Je genauer du es verstehst, desto besser kannst du es für dich arbeiten lassen.

Bist du bereit, tiefer in die Welt der Finanzen einzutauchen? In den nächsten Kapiteln werden wir uns ansehen, wie du dein Geld klug verwalten, sparen und investieren kannst. Wir werden über Budgetierung, verschiedene Anlageformen und langfristige finanzielle Planung sprechen. Lass uns gemeinsam herausfinden, wie du deine finanzielle Zukunft gestalten kannst!

2
GRUNDBEGRIFFE DER PERSÖNLICHEN FINANZEN

Schauen wir uns zunächst einmal die Grundbegriffe an, die du brauchst, um deine persönlichen Finanzen zu verstehen und zu managen. Keine Sorge, ich verspreche dir, es wird nicht langweilig!

Beginnen wir mit dem Einkommen. Das ist sozusagen der Treibstoff für deine finanzielle Reise. Aber Einkommen ist nicht gleich Einkommen. Zunächst einmal musst du zwischen Brutto- und Nettoeinkommen unterscheiden. Das Bruttoeinkommen ist das, was in aller Regel in deinem Arbeitsvertrag steht. Das landet aber wiederum nicht komplett auf deinem Konto. Davon gehen noch Steuern und Sozialabgaben ab. Was dann übrig bleibt, ist dein Nettoeinkommen. Das ist das Geld, das du tatsächlich zur Verfügung hast.

Es gibt auch zusätzliche Einkommensquellen, die du nicht vergessen solltest. Wenn du beispielsweise studierst, könnte das BAföG dazugehören. Oder wenn du Kinder hast (okay, wahrscheinlich für die meisten von euch noch nicht so relevant), gibt es Kindergeld. Diese Zusatzeinkünfte können einen großen Unterschied machen.

Abb. 1: Bruttoeinkommen eines Durchschnittsverdieners

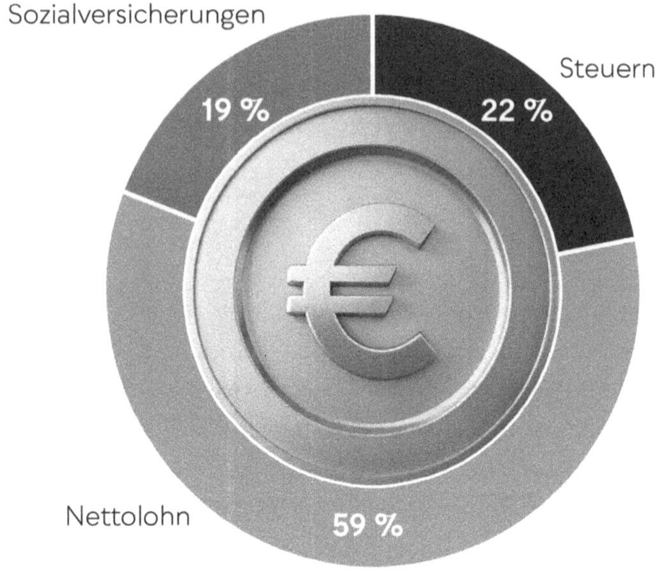

Vom Bruttoverdienst bleibt meist nicht mehr allzu viel übrig. Bei einem Durchschnittsverdiener landen lediglich rund 59 Prozent des Bruttoverdienstes im Portemonnaie.

Aktives vs. passives Einkommen – zwei Wege zum finanziellen Erfolg

Jetzt wird's spannend. Wir unterscheiden zwischen aktivem und passivem Einkommen. Aktives Einkommen verdienst du durch deine Arbeit. Das ist der klassische Job, bei dem du deine Zeit gegen Geld eintauschst. Dein Ferienjob im Café oder der Nachhilfeunterricht, den du gibst – das ist aktives Einkommen.

Passives Einkommen dagegen ist wie ein Traum: Geld verdienen, während du schläfst. Klingt zu schön, um wahr zu sein? Ist es nicht! Passives Einkommen erhältst du ohne deinen direkten, ständigen Arbeitseinsatz. Beispiele dafür sind Mieteinnahmen aus einer Immobilie, Dividenden aus Aktien oder Einnahmen aus einem erfolgreichen YouTube-Kanal. Auch wenn du ein E-Book schreibst und es online verkaufst, generierst du passives Einkommen.

Dabei solltest du aber unbedingt beachten, dass passives Einkommen nicht einfach vom Himmel fällt. Es erfordert oft viel Vorarbeit oder eine größere Anfangsinvestition. Der Vorteil ist, dass es dir langfristig mehr finanzielle Freiheit geben kann. Stell dir vor, du entwickelst eine erfolgreiche App. Nach der anfänglichen Entwicklungsarbeit könnte sie dir jahrelang Einnahmen bringen, ohne dass du täglich daran arbeiten musst. Ein weiteres Beispiel für passives Einkommen sind Lizenzgebühren. Wenn du Musik komponierst oder ein Patent anmeldest, könntest du jedes Mal Geld verdienen, wenn jemand dein Werk nutzt. Das kann sich über Jahre hinweg zu beträchtlichen Summen addieren.

Ausgaben – die andere Seite der Medaille

Okay, genug von den Einnahmen. Lass uns über die andere Seite der Medaille sprechen: die Ausgaben. Deine Ausgaben zu verstehen und zu kontrollieren ist der Schlüssel zu finanzieller Gesundheit. Es spielt keine Rolle, wie viel du verdienst, wenn du mehr ausgibst, als du einnimmst. Wir unterscheiden zwischen Fixkosten und variablen Kosten.

Fixkosten sind die Ausgaben, die jeden Monat gleich bleiben und die du nicht so einfach ändern kannst. Dazu gehören typischerweise:

» Miete
» Versicherungen
» Abonnements (Handy, Streamingdienste etc.)
» Kreditzahlungen (falls du einen Kredit aufgenommen hast)

Diese Kosten solltest du genau im Blick haben. Oft gibt es hier Einsparpotenzial. Brauchst du wirklich alle deine Abos? Könntest du vielleicht in eine günstigere Wohnung ziehen oder eine WG gründen?

Variable Kosten sind dagegen flexibel. Das sind die täglichen Ausgaben für Dinge wie:

- Lebensmittel
- Freizeitaktivitäten
- Mobilität
- Kleidung

Diese Kosten kannst du leichter beeinflussen. Hier lohnt es sich, ein Budget zu erstellen und deine Ausgaben zu tracken. Du wirst überrascht sein, wie viel Geld du für Kleinigkeiten ausgibst, ohne es zu merken.

Bedürfnisse vs. Wünsche – der Schlüssel zum bewussten Konsum

Ein wichtiger Aspekt beim Umgang mit Ausgaben ist, zwischen Bedürfnissen und Wünschen zu unterscheiden. Bedürfnisse sind all die Dinge, die du zum Leben benötigst: ein Dach über dem Kopf, Lebensmittel oder aber auch Kleidung. Wünsche sind alles darüber hinaus. Klar, eine Playstation ist cool, aber du brauchst sie nicht wirklich zum Überleben. Das heißt aber nicht automatisch, dass du dir nie etwas gönnen sollst. Es geht darum, bewusste Entscheidungen zu treffen. Bevor du etwas kaufst, frag dich:

1. Brauche ich das wirklich?
2. Wie oft werde ich es benutzen?
3. Gibt es eine günstigere Alternative?
4. Passt es in mein Budget?

Diese Fragen helfen dir, Prioritäten zu setzen und impulsive Käufe zu vermeiden. Manchmal kann es hilfreich sein, eine Wunschliste zu führen und Anschaffungen ein paar Tage oder Wochen zu überdenken, bevor du sie tätigst. Oft verfliegt der anfängliche Kaufimpuls schnell und du stellst fest, dass du das Geld lieber für etwas anderes verwenden willst.

Sparen – dein Weg zur finanziellen Sicherheit

Jetzt kommen wir zu einem meiner Lieblingsthemen: Sparen! Ja, ich weiß, klingt erst mal nicht so sexy. Aber glaub mir, Sparen kann dein bester Freund werden und dir langfristig viel Freiheit und Sicherheit geben.

Warum ist Sparen so wichtig?

1. Notfallfonds: Erstens baust du dir damit ein finanzielles Polster für Notfälle auf. Stell dir vor, dein Laptop gibt den Geist auf, genau dann, wenn du ihn für eine wichtige Präsentation oder Hausarbeit brauchst. Mit Ersparnissen ist das kein Drama. Es gibt die Faustregel, mindestens drei bis sechs Monatseinkommen als Notfallfonds zurückzulegen.
2. Große Anschaffungen: Zweitens ermöglicht dir Sparen, größere Anschaffungen oder Träume zu verwirklichen, ohne dich zu verschulden. Ob es um den Führerschein, ein Auto oder eine Weltreise geht – mit einem Sparplan kommst du deinem Ziel Schritt für Schritt näher.
3. Finanzielle Freiheit: Langfristig gibt dir Sparen die Möglichkeit, finanzielle Freiheit zu erreichen. Je mehr du sparst und klug investierst, desto weniger bist du von einem bestimmten Job oder Einkommen abhängig.

Es gibt verschiedene Möglichkeiten, um zu sparen. Viele nutzen ein klassisches Sparbuch, auch wenn die Zinsen derzeit nicht berauschend sind. Oder du legst ein Tagesgeldkonto an, das etwas bessere Zinsen bietet und trotzdem flexibel ist. Für langfristiges Sparen gibt es Festgeldkonten, die höhere Zinsen zahlen, dafür aber dein Geld für einen bestimmten Zeitraum binden. Wie du das beste Modell für dich zum Sparen ausfindig machst, erfährst du weiter hinten im Buch. Wichtig ist dabei an dieser Stelle zu verstehen, dass du überhaupt mit dem Sparen beginnen solltest, sofern du dies noch nicht tust.

Ein Tipp: Automatisiere dein Sparen. Richte einen Dauerauftrag ein, der jeden Monat direkt nach dem Gehaltseingang einen festen Betrag auf ein separates Konto überweist. So sparst du, bevor du überhaupt in Versuchung kommst, das Geld auszugeben. Dieses Vorgehen nennt sich „Pay Yourself First“ und ist eine der effektivsten Sparstrategien.

Sparziele setzen und visualisieren

Sparziele zu setzen kann sehr motivierend sein. Sei konkret: Statt „Ich will sparen“ sag dir „Ich spare 2.000 Euro für eine Reise nach Thailand“. Visualisiere dein Ziel: Häng dir ein Bild von deinem Traumreiseziel an die Wand und markiere deinen Fortschritt.

Du könntest auch eine „Sparleiter“ erstellen, bei der du für jeden gesparten Betrag eine Stufe hochkletterst. Oder nutze eine App, die deinen Fortschritt visuell darstellt. Je greifbarer dein Ziel wird, desto motivierter wirst du sein, es zu erreichen. Suche dazu einfach im App Store deiner Wahl nach einem Haushaltsplaner. Die Auswahl ist enorm groß und du kannst mit den allermeisten nichts verkehrt machen.

Investieren – lass dein Geld für dich arbeiten

Nun zum Investieren. Das ist der große Bruder des Sparens. Beim Investieren geht es darum, dein Geld für dich arbeiten zu lassen. Der Hauptunterschied zum Sparen: Beim Investieren gehst du in der Regel ein höheres Risiko ein, hast dafür aber auch die Chance auf eine höhere Rendite.

Während du beim Sparen dein Geld sicher parkst und (hoffentlich) ein paar Zinsen bekommst, kaufst du beim Investieren Vermögenswerte wie Aktien, Anleihen oder Immobilien. Diese können im Wert steigen – müssen es aber nicht. Das Risiko von Wertschwankungen oder sogar Verlusten ist der Preis, den du für die Chance auf höhere Renditen zahlst. Wie bereits erwähnt, werden wir auf dieses Thema später im Detail eingehen. Nichtsdestotrotz möchte ich dir den Unterschied und die Grundbegriffe dafür bereits an dieser Stelle erklären.

Drei wichtige Begriffe, die du beim Investieren kennen solltest:

1. Rendite: Das ist dein Gewinn, ausgedrückt als Prozentsatz deiner Investition. Wenn du 100 Euro investierst und nach einem Jahr 110 Euro hast, beträgt deine Rendite zehn Prozent.
2. Risiko: die Möglichkeit, dass deine Investition weniger wert wird oder du sogar Geld verlierst. Generell gilt: Je höher die potenzielle Rendite, desto höher das Risiko.
3. Liquidität: wie schnell du deine Investition wieder in Bargeld umwandeln kannst. Aktien sind zum Beispiel sehr liquide, da du sie jederzeit, während die Börse geöffnet ist, verkaufen kannst. Eine Immobilie dagegen ist weniger liquide, da der Verkaufsprozess eine gewisse Zeit in Anspruch nimmt.

Ein grundlegendes Prinzip beim Investieren ist die Diversifikation, also die Streuung deines Risikos. Stell dir vor, du investierst all dein Geld in die Aktie eines einzigen Unternehmens. Wenn dieses Unternehmen pleitegeht, ist dein ganzes Geld weg. Verteilst du dein Geld aber auf viele verschiedene Unternehmen, Branchen oder sogar Anlageklassen, minimierst du dein Risiko.

Abb. 2: Risiko-Rendite-Profile verschiedener Anlageklassen

Die eher „langweiligen" Anlage-Assets performen historisch betrachtet schlechter, erweisen sich aber meist als sicherer. Kryptos und Co sind dagegen deutlich risikoreicher, können aber auch enorm viel Gewinn generieren.

Zinsen und Zinseszinsen – der Turbo für dein Geld

Zum Schluss kommen wir zu einem faszinierenden und wichtigen Konzept: dem Zinseszinseffekt. Das ist quasi der Turbo für dein Geld und einer der wichtigsten Gründe, warum du so früh wie möglich mit dem Sparen und Investieren beginnen solltest. Nehmen wir an, du legst 1.000 Euro zu fünf Prozent Zinsen an. Nach einem Jahr hast du 1.050 Euro. Im zweiten Jahr bekommst du nicht nur Zinsen auf deine ursprünglichen 1.000 Euro, sondern auch auf die 50 Euro Zinsen vom ersten Jahr. Das setzt sich Jahr für Jahr fort und dein Geld wächst immer schneller.

Für diejenigen unter euch, die das Ganze selbst nachrechnen wollen, ist hier die Formel für den Zinseszins:

$A = P * (1 + r)^n$

Dabei ist:
A = der Endbetrag
P = der Anfangsbetrag
r = der Zinssatz (als Dezimalzahl, also 5 % = 0,05)
n = die Anzahl der Jahre

Lass uns ein Beispiel durchrechnen:

Du investierst 1.000 Euro für 30 Jahre bei einer jährlichen Rendite von sieben Prozent (was einem langfristigen Durchschnitt am Aktienmarkt entspricht).

$A = 1000 * (1 + 0{,}07)^{30} = 7.612{,}26$ Euro

Aus deinen 1.000 Euro sind also über 7.600 Euro geworden. Und das, ohne dass du einen Cent zusätzlich eingezahlt hast.

Abb. 3: Zinseszinseffekt

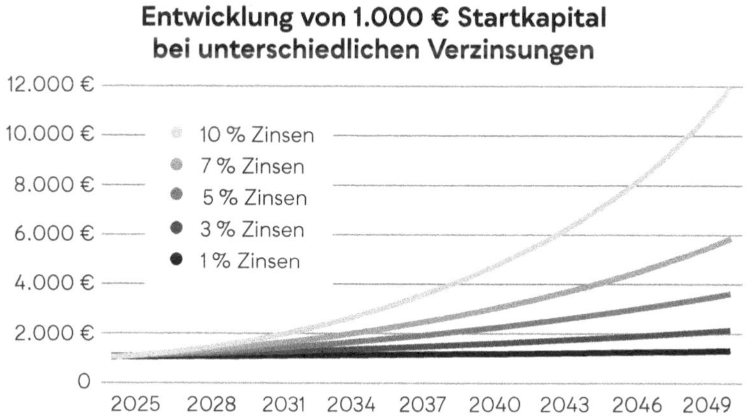

Der Zinseszinseffekt ist enorm. Noch extremer: Schon wenige Prozentpunkte an Zins mehr machen über die Jahre einen riesigen Unterschied aus.

Der Zinseszinseffekt wird noch mächtiger, wenn du regelmäßig Geld einzahlst. Nehmen wir an, du legst nicht nur einmalig 1.000 Euro an, sondern sparst jeden Monat 100 Euro bei der gleichen Rendite von sieben Prozent pro Jahr. Nach 30 Jahren hättest du:

- Insgesamt eingezahlt: 36.000 Euro
  (100 Euro * 12 Monate * 30 Jahre)
- Endkapital: ca. 125.000 Euro

Der Zinseszinseffekt hat dir also 89.000 Euro beschert! Die Macht des Zinseszinses wird oft unterschätzt, weil die Wirkung in den ersten Jahren kaum sichtbar ist. Aber je länger du investierst, desto stärker wird der Effekt. Deshalb ist es so wichtig, früh anzufangen – selbst mit kleinen Beträgen.

Hier ein paar Tipps, wie du den Zinseszinseffekt für dich nutzen kannst:

1. Fang früh an: Je früher du anfängst zu sparen und zu investieren, desto mehr Zeit zu wirken hat der Zinseszinseffekt.
2. Investiere regelmäßig: Regelmäßige, kleine Einzahlungen können über die Zeit zu erstaunlichen Summen anwachsen.
3. Reinvestiere Erträge: Anstatt dir Dividenden oder Zinsen auszahlen zu lassen, beauftrage deine Bank, sie wieder anzulegen. So verstärkst du den Zinseszinseffekt.
4. Sei geduldig: Die wahre Macht des Zinseszinses zeigt sich erst nach vielen Jahren. Lass dich von kurzfristigen Schwankungen nicht entmutigen.
5. Suche nach Anlagen mit guter Rendite: Je höher die Rendite, desto stärker der Zinseszinseffekt. Beachte aber, dass höhere Renditen oft mit höherem Risiko einhergehen.

Puh, das war eine Menge Info! Aber jetzt hast du die Grundlagen und kennst die wichtigsten Begriffe, mit denen du deine persönlichen Finanzen in den Griff bekommst. Denk daran: Es geht nicht darum, perfekt zu sein, sondern darum, bewusste Entscheidungen zu treffen und langfristig zu denken. Jeder kleine Schritt in die richtige Richtung kann einen großen Unterschied machen.

In den nächsten Kapiteln werden wir einige dieser Themen gründlich erkunden und konkrete Strategien entwickeln, wie du diese Prinzipien in deinem Alltag umsetzen kannst. Wir werden uns ansehen, wie du ein Budget erstellst, welche Spar- und Investitionsmöglichkeiten es für Anfänger gibt und wie du deine finanziellen Ziele Schritt für Schritt erreichen kannst. Denk immer daran: Dein Geld ist ein Werkzeug, mit dem du deine Ziele einfacher erreichen kannst und das dir ermöglicht, das Leben zu führen, das du dir wünschst. Je besser du dieses Werkzeug verstehst und je klüger du es managst, desto mehr Möglichkeiten wirst du haben.

3 BUDGETIERUNG UND FINANZPLANUNG

Nehmen wir an, du planst eine Reise in ein unbekanntes Land. Was würdest du tun? Wahrscheinlich würdest du auf eine Landkarte schauen und die Route planen. Genauso verhält es sich mit deiner finanziellen Reise. Ein gut durchdachtes Budget ist deine Landkarte zum finanziellen Erfolg. Aber warum ist ein Budget eigentlich so wichtig? Stell dir vor, du sitzt in einem Boot mitten auf dem Meer. Ohne Karte treibst du ziellos umher, auf Gedeih und Verderb den Wellen ausgeliefert. Mit einem Budget hingegen hast du einen klaren Kurs. Du weißt genau, wo du stehst, wohin du willst und wie du dorthin gelangst.

Ein Budget gibt dir die Kontrolle über deine Finanzen zurück. Es verhindert, dass du am Ende des Monats überrascht auf dein Konto schaust und dich fragst, wo dein ganzes Geld geblieben ist. Stattdessen weißt du genau, wofür du dein Geld ausgibst, und kannst bewusste Entscheidungen treffen. Du erkennst frühzeitig, wenn du auf finanzielle Klippen zusteuerst, und kannst rechtzeitig gegensteuern.

Dein Budget als Verbündeter

Aber ein Budget ist mehr als nur ein Kontrollinstrument. Es ist auch dein Verbündeter beim Erreichen deiner finanziellen Träume. Ob du von einer Weltreise träumst, dir eine eigene Wohnung kaufen möchtest oder einfach nur finanziell unabhängig sein willst – ein Budget hilft dir, diese Ziele Schritt für Schritt zu erreichen. Es ist wie ein Trainingsplan für deine Finanzen: Mit jedem Monat, in dem du dich daran hältst, kommst du deinen Zielen ein Stück näher.

Hier sind die wichtigsten Schritte:

1. Erfasse deine Einnahmen: Notiere alle Einkommensquellen, inklusive Gehalt, Nebenjobs, BAföG und regelmäßige Geldgeschenke.
2. Tracke deine Ausgaben: Notiere einen Monat lang jede einzelne Ausgabe. Und mit jeder Ausgabe meine ich auch wirklich jede.
3. Kategorisiere deine Ausgaben: Teile deine Ausgaben in Kategorien ein, zum Beispiel Wohnen, Lebensmittel oder Transport.
4. Setze Budgetgrenzen: Lege für jede Kategorie ein Ausgabenlimit fest.
5. Plane Ersparnisse ein: Vergiss nicht, einen Teil deines Einkommens fürs Sparen und Investieren einzuplanen.

Dein Budget im Alltag

Ein Budget ist kein starres Gebilde, sondern ein lebendiges Werkzeug. Es muss regelmäßig überprüft und angepasst werden. Am Ende jedes Monats solltest du dir Zeit nehmen, dein Budget zu evaluieren. Hast du dich daran gehalten? Wenn nicht, warum? Waren deine Annahmen unrealistisch oder gab es unerwartete Ausgaben? Nutze diese Erkenntnisse, um dein Budget für den nächsten Monat anzupassen. Wenn du etwas mehr Routine hast, kannst du dein Intervall auch von monatlich auf quartalsweise umstellen – wichtig ist nur, dass du am Ball bleibst.

Flexibilität ist dabei ein weiterer Schlüssel zum Erfolg. Dein Leben verändert sich ständig und dein Budget sollte das widerspiegeln. Ein neuer Job, ein Umzug oder veränderte Lebensumstände können eine Anpassung erforderlich machen. Sei nicht zu streng mit dir selbst, wenn du mal von deinem Plan abweichst. Es geht nicht um Perfektion, sondern um Fortschritt.

Tools und Hilfsmittel für dein Budgeting

Um dir die Budgetierung zu erleichtern, gibt es zahlreiche Tools und Hilfsmittel. Traditionelle Methoden wie ein Haushaltsbuch oder die Umschlagmethode haben den Vorteil, dass sie dir deine Ausgaben sehr bewusst machen. Du siehst und fühlst buchstäblich, wie das Geld deine Hände verlässt.

In unserer digitalen Welt gibt es aber auch eine Vielzahl von Apps und Softwarelösungen, die dir die Budgetierung erleichtern können. Sie können Transaktionen automatisch kategorisieren, dir Berichte und Grafiken erstellen und dich sogar warnen, wenn du dein Budget zu überziehen drohst. In der Abbildung 4 findest du drei der geläufigen Apps im Überblick. Einen größeren Test an Haushaltsplanern findest du zudem auf meiner Website timo-finanztipp.de.

Abb. 4: Budget-Apps

Money	Money Manager	Money Control
Vorteile: • Benutzerfreundlichkeit und Design • Vielseitigkeit Nachteile: • Startbildschirm teilweise unübersichtlich • Begrenzte Funktionen in kostenloser Version	Vorteile: • Umfangreiche Funktionen • Flexibilität bei der Planung Nachteil: • Werbung in kostenloser Version	Vorteile: • Praktische Export- und Berichtsfunktionen • Bildhafte Darstellungen sorgen für bewussteren Konsum Nachteil: • Die besten Funktionen nur im Abo verfügbar

Die drei abgebildeten Haushaltsplaner gehören zu den beliebtesten im App Store.

Sicherheit geht vor – Schutz deiner Finanzdaten

In unserer zunehmend digitalisierten Welt dürfen wir einen wichtigen Aspekt nicht vergessen: die Sicherheit unserer Finanzdaten. Cyberkriminelle werden immer raffinierter in ihren Methoden, um an sensible Informationen zu gelangen. Daher ist es unerlässlich, dass du deine finanziellen Daten schützt. Verwende starke, einzigartige Passwörter für all deine Finanz-Accounts. Ein Passwort-Manager kann dir dabei helfen, komplexe Passwörter zu generieren und sicher zu speichern. Halte deine Software immer auf dem neuesten Stand, da Updates oft wichtige Sicherheitslücken schließen.

Sei besonders vorsichtig bei E-Mails oder Anrufen, die nach sensiblen Daten fragen. Seriöse Finanzinstitute werden dich nie per E-Mail nach Passwörtern oder vollständigen Kontodaten fragen. Wenn du unsicher bist, kontaktiere deine Bank direkt über die offizielle Website oder die dort angegebene Telefonnummer.

Fassen wir noch einmal zusammen. Budgetierung mag anfangs wie eine lästige Aufgabe erscheinen, aber sie ist der Schlüssel zu finanzieller Freiheit und Sicherheit. Mit einem guten Budget behältst du den Überblick über deine Finanzen, erreichst deine Ziele schneller und baust dir ein finanzielles Sicherheitsnetz auf. Es ist wie eine Superpower für deine Finanzen. Denk daran: Ein Budget ist nicht dazu da, dich einzuschränken, sondern um dir Freiheit zu geben. Die Freiheit, bewusste Entscheidungen zu treffen. Die Freiheit, deine finanziellen Träume zu verwirklichen. Die Freiheit, ein Leben nach deinen Vorstellungen zu führen.

Fang heute an, deine finanzielle Zukunft zu gestalten. Es braucht etwas Übung und Disziplin, aber die Ergebnisse sind es wert. Mit jedem Monat, in dem du dich an dein Budget hältst, wirst du mehr Kontrolle über deine Finanzen gewinnen. Du wirst sehen, wie deine Ersparnisse wachsen und wie du deinen Zielen Schritt für Schritt näherkommst. Die Reise zu finanzieller Unabhängigkeit mag lang sein, aber sie beginnt mit einem einzigen Schritt. Dieser Schritt ist dein Budget. Also, worauf wartest du noch? Tauche ein in die Welt der Budgetierung und entdecke, wie viel Potenzial in deinen Finanzen steckt. Dein zukünftiges Ich wird dir dankbar sein!

Teil 2

EINNAHMEN STEIGERN UND ERSTE SCHRITTE INS BERUFSLEBEN

4
NEBENJOBS UND ERSTE BERUFSERFAHRUNGEN

In diesem Kapitel befassen wir uns mit Nebenjobs. Zum einen möchte ich dir zeigen, wie du deinen Geldbeutel aufbessern kannst. Zum anderen gebe ich dir auch einen echten Einblick in die rechtlichen und praktischen Aspekte. Das wird handfest und konkret – versprochen!

Die wahre Bedeutung von Nebenjobs

Lass uns mal über Geld reden – und zwar nicht nur über das Taschengeld, das man von den Eltern bekommt. Ein Nebenjob bedeutet finanzielle Unabhängigkeit, aber was heißt das konkret? Mit einem Nebenjob von zehn Stunden pro Woche zum Mindestlohn (2024: 12,41 €) verdienst du etwa 496 € im Monat. Das sind keine Peanuts! Damit könntest du dir zum Beispiel die Kosten für dein Handy (30 €), Streamingdienste (15 €), Klamotten (100 €), Freizeitaktivitäten (150 €) und sogar noch ein monatliches Sparkonto (200 €) leisten.

Aber der finanzielle Aspekt ist nur die eine Seite der Medaille. Die Berufserfahrung, die du sammelst, wird wahrscheinlich zu einem späteren Zeitpunkt unbezahlbar sein. Meine Erfahrung hat gezeigt, dass Berufseinsteiger mit Nebenjob-Erfahrung im Durchschnitt deutlich mehr Einstiegsgehalt bekommen als solche ohne praktische Erfahrung. Das liegt mitunter daran, dass du anhand eines Nebenjobs wichtige Soft Skills entwickelst. Du lernst beispielsweise, Verantwortung zu übernehmen, im Team zu arbeiten und mit Stress umzugehen – solche Eigenschaften sind bei Arbeitgebern stark gefragt.

Rechtliche Rahmenbedingungen – so viel darfst du schuften

Jetzt wird's konkret: Das Jugendarbeitsschutzgesetz regelt genau, was du wann darfst. Hier sind die wichtigsten Fakten:

Unter 13 Jahren:

Du darfst nur sehr eingeschränkt arbeiten, etwa bei kulturellen Veranstaltungen oder mit Erlaubnis des Gewerbeaufsichtsamts. Die maximale Arbeitszeit beträgt zwei bis drei Stunden täglich.

13-14 Jahre:

Leichte Tätigkeiten sind erlaubt, zum Beispiel:

- Zeitungen austragen (maximal zwei Stunden täglich)
- Nachhilfe geben
- Babysitten

Die Arbeitszeit muss zwischen 8 und 18 Uhr liegen.

15-17 Jahre:

Jetzt wird's interessanter. Arbeiten darfst du:

- maximal 8 Stunden täglich
- nicht mehr als 40 Stunden pro Woche
- nicht nach 20 Uhr (Ausnahmen in der Gastronomie bis 22 Uhr)
- nicht vor 6 Uhr morgens.

Samstagsarbeit ist in vielen Branchen möglich.

Ab 18 Jahren:

Es gelten die Arbeitszeitregelungen des Arbeitszeitgesetzes.

Wichtig: Bei allen Altersgruppen muss die Schule immer Vorrang haben!

Finanzieller Rahmen und Steuern

Als Schüler oder Student hast du besondere Freibeträge. Der Grundfreibetrag stieg 2025 auf 12.096 Euro im Jahr. Das bedeutet, bis zu dieser Grenze zahlst du keine Einkommensteuer. Aber Achtung: Bei einem Minijob fallen trotzdem Sozialversicherungsbeiträge an, es sei denn, du bist noch Schüler.

Für Studenten gilt die 20-Stunden-Grenze während der Vorlesungszeit, sonst verlierst du deinen Studentenstatus bei der Krankenversicherung. Die 20-Stunden-Regel findet jedoch keine Anwendung, wenn du während der Semesterferien, am Wochenende, abends oder nachts arbeiten möchtest. Vorausgesetzt, das Studium steht weiterhin im Vordergrund und du arbeitest nicht dauerhaft über 26 Wochen im Jahr.

Ein praktisches Beispiel zur Verdienstberechnung – Minijob im Einzelhandel:

- 10 Stunden pro Woche
- 12,41 € pro Stunde (Mindestlohn 2024)

Das macht etwa 496 € im Monat. Bei etwa 5.952 € im Jahr bleibst du unter allen relevanten Grenzen.

Die perfekte Bewerbung – authentisch und überzeugend

Die Bewerbung ist deine Chance, einen bleibenden Eindruck zu hinterlassen. Aber Vorsicht – kopiere niemals vorgefertigte Textbausteine aus dem Internet! Personaler erkennen sofort, wenn eine Bewerbung nicht authentisch ist. Stattdessen solltest du deine eigene, persönliche Geschichte erzählen.

Eine gute Bewerbung sollte wie ein spannendes Buch aufgebaut sein. Sie macht neugierig und zeigt deine Persönlichkeit. Statt Floskeln wie „Hiermit bewerbe ich mich …" solltest du direkt mit dem beginnen, was dich an dem Job begeistert. Zum Beispiel: „Die Arbeit mit Menschen hat mich schon immer fasziniert." oder „Während meines Praktikums in der Grundschule habe ich gemerkt, wie gern ich Wissen vermittle."

Im Anschreiben geht es darum, drei zentrale Fragen zu beantworten:

1. Warum interessiert dich genau dieser Job?
2. Was bringst du mit, das für den Job wertvoll sein könnte?
3. Wie passt der Job zu deinem aktuellen Leben?

Dabei ist es wichtig, konkret zu werden. Statt zu schreiben „Ich bin teamfähig", erzählst du besser von Situationen, in denen du diese Fähigkeit bewiesen hast. Vielleicht hast du ein Schulprojekt koordiniert oder bist Mannschaftskapitän im Sportverein?

Dein Lebenslauf erzählt deine bisherige Geschichte. Auch wenn du noch nicht viel „klassische" Arbeitserfahrung hast, verfügst du sicher über wertvolle Erfahrungen. Ein Schülerpraktikum, die Organisation des Schulfests oder dein Engagement in der Nachhilfe – all das zeigt, dass du Verantwortung übernehmen kannst.

Besonders wichtig: Recherchiere das Unternehmen gründlich. Je mehr du über deinen potenziellen Arbeitgeber weißt, desto besser kannst du in deiner Bewerbung darauf eingehen, warum genau dieser Job zu dir passt. Schau dir die Website an, folge dem Unternehmen in den sozialen Medien und sprich vielleicht sogar mit Menschen, die dort arbeiten. Gerade Letzteres hat die größte Erfolgswahrscheinlichkeit. Das effizienteste Tool dafür ist die Suche über LinkedIn. Hier kannst du nicht nur nach Mitarbeitern des entsprechenden Unternehmens suchen, meist siehts du auch deren Jobbeschreibung und kannst dadurch gezielt nach den richtigen Ansprechpartnern screenen.

Denk auch daran: Eine Bewerbung ist keine Einbahnstraße. Du sollst nicht nur überzeugen, sondern auch selbst herausfinden, ob der Job zu dir passt. Mach in der Bewerbung auch deine eigenen Erwartungen deutlich – etwa bezüglich der Arbeitszeiten oder deiner Entwicklungsmöglichkeiten.

Work-Life-Balance – ein konkreter Planungsansatz

Die wohl größte Herausforderung beim Jonglieren zwischen Studium oder Schule und einem Nebenjob liegt im klugen Zeitmanagement. Anders als vielleicht erwartet, geht es dabei nicht nur um reines Zeitsparen, sondern um eine durchdachte Struktur, die dir langfristig Erfolg in allen Lebensbereichen ermöglicht. Eine bewährte Methode ist die Erstellung einer persönlichen Wochenübersicht, in der du zwischen unveränderbaren und flexibleren Zeitblöcken unterscheidest. Zu den festen Zeiten zählen natürlich deine Schulstunden oder Vorlesungen, aber auch regelmäßige Lernphasen für anstehende Prüfungen, feste Vereinsaktivitäten und wichtige Familienzeiten – all jene Termine, die wenig Spielraum bieten. In die flexibleren Zeitfenster fallen dann potenzielle Arbeitszeiten für deinen Nebenjob, zusätzliche Lerneinheiten und natürlich auch deine Freizeit und Erholungsphasen.

Betrachten wir ein realistisches Beispiel einer Schülerin in der elften Klasse: Sie besucht von Montag bis Freitag die Schule bis etwa halb vier nachmittags, plant täglich zwischen ein und zwei Stunden für schulische Nachbereitung ein und arbeitet freitags von fünf bis neun Uhr abends sowie samstags von zehn Uhr morgens bis sechs Uhr abends in einem Café – insgesamt also zwölf Stunden pro Woche. Besonders wichtig bei dieser Planung sind sogenannte Pufferzonen, die dir Flexibilität ermöglichen. Wenn du beispielsweise freitags arbeiten musst, solltest du den Donnerstagabend nicht zu vollpacken oder zu lange ausgehen. Dein Körper und dein Geist brauchen ausreichend Erholung – nur dann kannst du sowohl in der Bildungseinrichtung als auch im Beruf deine beste Leistung bringen. Wenn du erschöpft bist, führt dies unweigerlich zu schlechteren Ergebnissen in beiden Bereichen.

Es gibt mehrere konkrete Strategien, die dir helfen können, ein gesundes Gleichgewicht zu etablieren. Eine davon ist das Konzept der „produktiven Prokrastination" – klingt widersprüchlich, ist aber äußerst effektiv. Wenn du in deinem Job ruhigere Phasen erlebst, nutze diese gezielt für schulische oder universitäre Aufgaben. Als Babysitter beispielsweise kannst du während der Schlafenszeit der Kinder hervorragend für eine anstehende Prüfung lernen oder Hausaufgaben erledigen. Ebenso wichtig ist das Setzen klarer Grenzen gegenüber deinem Arbeitgeber. Kommuniziere von Anfang an transparent, wann du definitiv nicht arbeiten kannst – etwa während intensiver Klausurphasen oder bei wichtigen Familienterminen. Ein verständnisvoller Arbeitgeber wird diese Grenzen respektieren und schätzen, dass du vorausschauend planst.

Die Entwicklung fester Routinen kann ebenfalls enorm hilfreich sein. Etabliere beispielsweise feste Lernzeiten vor oder nach deiner Arbeit, die du konsequent einhältst. Solche Routinen reduzieren den mentalen Aufwand für Planungsentscheidungen und helfen dir, den Überblick über deine verschiedenen Verpflichtungen zu behalten. Dabei gilt grundsätzlich: Qualität vor Quantität. Es ist besser, weniger Stunden zu arbeiten und diese dafür hoch konzentriert und produktiv zu nutzen, als sich mit zu vielen Arbeitsstunden zu überlasten und dann in anderen Lebensbereichen einzubrechen.

Nicht zuletzt solltest du deine Work-Life-Balance regelmäßig einer kritischen Prüfung unterziehen. Plane etwa alle zwei Monate eine kurze Selbstevaluation ein: Stimmen deine schulischen oder universitären Leistungen noch? Fühlst du dich chronisch gestresst oder erschöpft? Steht der finanzielle Ertrag in einem angemessenen Verhältnis zu deinem zeitlichen und energetischen Aufwand? Diese regelmäßige Reflexion ermöglicht es dir, frühzeitig Anpassungen vorzunehmen, bevor sich Probleme manifestieren. Denk immer daran: Ein Nebenjob soll dein Leben bereichern und unterstützen – nicht dominieren. Mit diesen durchdachten Strategien kannst du einen gesunden Ausgleich zwischen Bildung, Arbeit und persönlichem Wohlbefinden schaffen, der dir langfristig zugutekommt.

Fazit und Ausblick

Ein Nebenjob ist eine großartige Möglichkeit, erste Berufserfahrungen zu sammeln und finanziell unabhängiger zu werden. Mit der richtigen Planung und einem guten Zeitmanagement kann dich der Job weiterbringen, ohne dich zu überfordern. Denk immer daran: Der Job soll dir dienen, nicht umgekehrt. Mit dem Wissen aus diesem Kapitel bist du gerüstet, um deine ersten Schritte in die Arbeitswelt zu machen. Bleib authentisch in deinen Bewerbungen, kenne deine Rechte und Pflichten und scheue dich nicht, Hilfe zu suchen, wenn du sie brauchst. Die Erfahrungen, die du jetzt sammelst, werden dir ein Leben lang nützlich sein – nicht nur finanziell, sondern auch für deine persönliche Entwicklung. Ready für deinen ersten Nebenjob? Los geht's – die Arbeitswelt wartet auf dich!

5
SELBSTSTÄNDIGKEIT UND UNTERNEHMERTUM – DEIN EIGENES DING MACHEN

Hat dir schon mal jemand gesagt, dass du für etwas ein besonderes Talent hast? Vielleicht kannst du wahnsinnig gut programmieren, hast ein Händchen für Marketing oder bist ein echtes Organisationstalent. Möglicherweise hast du auch schon darüber nachgedacht, mit diesen Fähigkeiten eigenes Geld zu verdienen. Dann ist dieses Kapitel genau das Richtige für dich, denn hier geht es um die Möglichkeiten, die dir die Selbstständigkeit bietet – und zwar nicht irgendwann später, sondern jetzt.

Der Schritt in die Selbstständigkeit – eine Option für junge Menschen?

Wenn du an Unternehmer denkst, hast du vielleicht Steve Jobs oder Elon Musk vor Augen. Menschen, die es „geschafft haben" und von deren Karrieren du nur träumen kannst. Doch das ist ein Trugschluss. Die meisten erfolgreichen Unternehmer haben klein angefangen – oft ohne großes Budget, aber mit viel Leidenschaft und einer guten Idee.

Selbstständigkeit bedeutet in erster Linie, dass du unabhängig arbeitest. Du bist dein eigener Chef, entscheidest selbst über deine Arbeitszeiten und -inhalte und trägst natürlich auch das volle Risiko. Das klingt erst einmal Furcht einflößend, aber es hat auch enorme Vorteile. Du kannst deiner Kreativität freien Lauf lassen, an eigenen Projekten arbeiten und dein Einkommen ist theoretisch nach oben hin offen.

Besonders spannend ist, dass immer mehr junge Menschen den Weg in die Selbstständigkeit wählen. Im Schnitt gründet jeder fünfte Unternehmer in Deutschland vor seinem 25. Lebensjahr (im Nebenerwerb). Und das aus gutem Grund, denn die digitale Welt bietet unzählige Möglichkeiten, mit geringem Kapitaleinsatz ein Unternehmen zu starten.

Freelancing und Mikrounternehmen – der leichte Einstieg

Freelancing ist wohl der einfachste Einstieg in die Selbstständigkeit. Als Freiberufler bietest du deine Dienstleistungen oder dein spezielles Know-how direkt an – ohne große Investitionen oder komplizierte Unternehmensstrukturen.

Das Freiberuflertum ist gesetzlich definiert und umfasst bestimmte Berufsgruppen wie Ärzte, Anwälte, Künstler, Journalisten oder Berater. Der Vorteil: Als Freiberufler musst du kein Gewerbe anmelden und sparst dir damit einigen bürokratischen Aufwand. Du musst beispielsweise keine doppelte Buchführung machen oder Gewerbesteuer zahlen. Stattdessen reicht eine einfache Einnahmen-Überschuss-Rechnung.

Wenn deine Tätigkeit nicht zu den klassischen freien Berufen zählt, spricht man eher von einem Mikrounternehmen oder Kleingewerbe. Das kann ein Online-shop sein, ein Reparaturservice oder ein mobiler Kaffeewagen – der Fantasie sind keine Grenzen gesetzt.

Die digitale Revolution hat hier völlig neue Möglichkeiten geschaffen. Über Onlineplattformen kannst du heute weltweit deine Dienste anbieten. Ob Fiverr, Upwork oder 99designs – diese Marktplätze verbinden dich mit potenziellen Kunden aus aller Welt. Besonders beliebt sind dabei Dienstleistungen wie Content-Erstellung, Programmierung und Webdesign, Übersetzungen, Social-Media-Management oder virtuelle Assistenz. Der große Vorteil dieser Plattformen: Du kannst klein anfangen und dein Angebot mit wachsender Erfahrung ausbauen. Viele erfolgreiche Freelancer haben ihre Karriere mit kleinen, einfachen Aufträgen begonnen und sich dann hochgearbeitet.

Das Einstiegsalter spielt dabei kaum eine Rolle. Die Plattformen bieten häufig einen geschützten Raum, in dem du erste Erfahrungen sammeln kannst. Durch Bewertungssysteme baust du dir nach und nach eine Reputation auf, die dir hilft, besser bezahlte Aufträge zu bekommen.

Die Macht der eigenen Idee

Die Geschichte der erfolgreichsten Unternehmer zeigt immer wieder: Am Anfang steht eine Idee, die ein konkretes Problem löst. Mark Zuckerberg wollte Studenten an seiner Uni besser vernetzen. Jeff Bezos ärgerte sich über die begrenzte Auswahl in lokalen Buchhandlungen. Und Sara Blakely fand keine bequemen, unsichtbaren Shapewear-Produkte – also erfand sie Spanx und wurde dadurch zur jüngsten Selfmade-Milliardärin.

Du musst nicht gleich das nächste Facebook gründen, um erfolgreich zu sein. Viel wichtiger ist, dass du ein echtes Problem identifizierst und eine Lösung dafür anbietest. Dabei hilft es, wenn du selbst von diesem Problem betroffen bist – denn dann kennst du die Bedürfnisse deiner potenziellen Kunden aus erster Hand. Ein guter Ansatz zur Ideenfindung ist das „Problem Solution Fit"-Modell. Dabei stellst du dir folgende Fragen: Welches Problem beobachte ich in meinem Umfeld oder bei mir selbst? Wie könnte eine effektive Lösung dafür aussehen? Wer hat dieses Problem noch und würde für eine Lösung bezahlen?

Die meisten erfolgreichen Geschäftsideen entstehen aus der eigenen Erfahrung. Du kennst ein Problem, für das es keine befriedigende Lösung gibt – und entwickelst diese Lösung selbst. Das kann ein Produkt sein, eine Dienstleistung oder eine innovative Kombination aus beidem.

Bei der Ideenfindung solltest du auch deine eigenen Stärken und Interessen berücksichtigen. Wofür brennst du? Was kannst du besonders gut? Wenn du ein Unternehmen aufbaust, das auf deinen Leidenschaften und Stärken basiert, wirst du auch in schwierigen Phasen die nötige Motivation finden, dranzubleiben.

Von der Idee zum konkreten Geschäftsmodell

Eine gute Idee allein macht noch kein erfolgreiches Unternehmen. Der nächste Schritt ist die Entwicklung eines tragfähigen Geschäftsmodells. Im Kern geht es dabei um die Frage: Wie verdiene ich Geld mit meiner Idee?

Für den Anfang reicht ein einfacher Business-Canvas, also eine grafische Darstellung deiner Idee, der die wichtigsten Aspekte deines Geschäftsmodells auf einer Seite zusammenfasst. Dazu gehören das Problem, das du löst, deine Zielgruppe, dein Nutzenversprechen, deine Vertriebskanäle, Einnahmequellen, notwendige Ressourcen und anfallende Kosten.

Abb. 5: Business Model Canvas

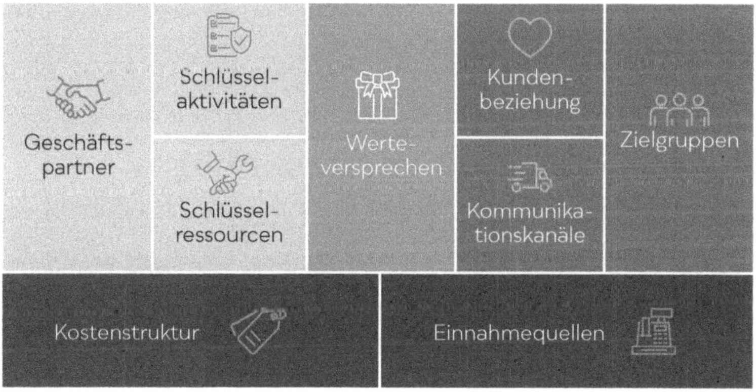

Greif dir ein Blatt Papier und übernimm diese Struktur. Denke anschließend intensiv über deine Business-Idee nach und fülle die einzelnen Felder aus. Am Ende ergibt sich das erste Gerüst deines Unternehmens.

Ein praktisches Beispiel: Du bist musikalisch begabt und möchtest Gitarrenunterricht anbieten. Dein Geschäftsmodell könnte so aussehen, dass du das Problem löst, dass viele Menschen Gitarre spielen lernen möchten, aber keine Zeit für feste wöchentliche Termine haben. Deine Lösung wäre flexibler Online-Gitarrenunterricht über Videocalls, ergänzt durch selbst erstellte Lernvideos. Die Zielgruppe sind Berufstätige zwischen 25 und 45 Jahren mit unregelmäßigen Arbeitszeiten. Deine Einnahmequellen könnten unterschiedliche Abomodelle sein. Die Kosten umfassen dein eigenes Instrument, Kamera, Mikrofon, Software für Videokonferenzen und eine Website.

Ein wichtiger Bestandteil deines Geschäftsmodells ist deine Unique Selling Proposition (USP) – also das, was dich von der Konkurrenz unterscheidet. Das kann ein besonderer Service sein, ein innovatives Produktmerkmal oder auch ein einzigartiger Stil. Je klarer deine USP ist, desto leichter fällt es potenziellen Kunden, sich für dich zu entscheiden.

Vor allem bei größeren Projekten ist es sinnvoll, einen detaillierteren Businessplan zu erstellen. Dieser sollte eine Marktanalyse, eine Konkurrenzanalyse, einen Marketingplan und natürlich eine Finanzplanung enthalten. Auf timo-finanztipp.de findest du praktische Vorlagen für deinen Businessplan.

Der praktische Weg zum eigenen Business

Wie startest du dein Unternehmen in der Praxis? Der erste Schritt ist die Entscheidung über die rechtliche Form. Die einfachste Form für den Start ist meist das Einzelunternehmen als Freiberufler (falls möglich) oder Gewerbetreibender. Als Gewerbetreibender musst du ein Gewerbe anmelden. Das geht bei deinem lokalen Gewerbeamt und kostet je nach Kommune zwischen 15 und 65 Euro. Als Freiberufler genügt eine formlose Anmeldung beim Finanzamt.

Nach der Anmeldung erhältst du vom Finanzamt einen „Fragebogen zur steuerlichen Erfassung“. Hier gibst du an, welche Steuern für dich relevant sein werden. Anschließend bekommst du eine Steuernummer und gegebenenfalls eine Umsatzsteuer-Identifikationsnummer.

Als Selbstständiger musst du dich selbst um deine Krankenversicherung kümmern. Du hast die Wahl zwischen gesetzlicher und privater Krankenversicherung. Lass dich hierzu unbedingt beraten, da dies weitreichende Konsequenzen haben kann.

Richte von Anfang an ein System für deine Buchhaltung ein. Für kleine Unternehmen reicht oft eine einfache Einnahmen-Überschuss-Rechnung. Es gibt viele benutzerfreundliche Tools wie Lexoffice oder Sevdesk, die dir die Arbeit erleichtern.

Ein wichtiger Punkt, den viele Anfänger übersehen: die Preisgestaltung. Setze deine Preise nicht zu niedrig an! Berechne zunächst, welchen Stundensatz du mindestens benötigst, um alle Kosten zu decken und einen angemessenen Gewinn zu erzielen. Bedenke dabei auch Zeiten ohne Aufträge, Krankheit, Urlaub und die Kosten für deine soziale Absicherung.

Eine grobe Faustregel: Als Selbstständiger solltest du etwa das Doppelte bis Dreifache dessen als Stundensatz ansetzen, was du als Angestellter pro Stunde verdienen würdest. Das mag im ersten Moment viel erscheinen, aber wenn du alle Kosten und unbezahlten Stunden (für Administration, Marketing und so weiter) einrechnest, relativiert sich dieser Betrag schnell.

Die steuerliche Seite der Selbstständigkeit

Steuern gehören für Selbstständige zu den komplexeren Themen, aber mit ein bisschen Grundwissen lässt sich auch das meistern. Als Selbstständiger musst du dich hauptsächlich mit diesen Steuerarten auseinandersetzen:

Die **Einkommensteuer** berechnet sich auf Basis deines Gewinns (Einnahmen minus Ausgaben) mit deinem persönlichen Einkommensteuersatz. Der Steuersatz steigt progressiv mit deinem Einkommen – je mehr du verdienst, desto höher ist der prozentuale Anteil, den du abgeben musst.

Als Selbstständiger musst du in der Regel vierteljährliche Vorauszahlungen leisten, die auf deiner letzten Steuererklärung basieren. Am Jahresende wird dann abgerechnet: Hast du mehr verdient, musst du nachzahlen; war dein Einkommen niedriger, bekommst du Geld zurück.

Die **Umsatzsteuer** (auch Mehrwertsteuer genannt) beträgt in Deutschland 19 Prozent (reduzierter Satz 7 Prozent für bestimmte Waren und Dienstleistungen). Als Unternehmer ziehst du diese Steuer für den Staat von deinen Kunden ein und führst sie ans Finanzamt ab. Gleichzeitig kannst du die Umsatzsteuer, die du selbst für betriebliche Ausgaben zahlst, als „Vorsteuer" abziehen. Die Differenz führst du ans Finanzamt ab (oder bekommst sie erstattet, wenn die Vorsteuer höher ist). Als Kleinunternehmer (Umsatz im Vorjahr unter 22.000 Euro und im laufenden Jahr voraussichtlich unter 50.000 Euro) kannst du von der Kleinunternehmerregelung Gebrauch machen. Dann musst du keine Umsatzsteuer ausweisen und abführen – darfst aber auch keine Vorsteuer geltend machen.

Die **Gewerbesteuer** fällt nur für Gewerbetreibende an, nicht für Freiberufler. Sie wird von den Kommunen erhoben und der Steuersatz variiert je nach Standort. Es gibt einen Freibetrag von 24.500 Euro – erst wenn dein Gewinn darüberliegt, wird Gewerbesteuer fällig.

Ein weiterer wichtiger Aspekt ist die steuerliche Absetzbarkeit von Betriebsausgaben. Grundsätzlich gilt: Alle Ausgaben, die im Zusammenhang mit deiner selbstständigen Tätigkeit stehen, kannst du von der Steuer absetzen. Dazu gehören Büromaterial, berufliche Reisen, Fortbildungen, ein anteiliges Arbeitszimmer und vieles mehr. Bewahre alle Belege sorgfältig auf und führe eine genaue Dokumentation.

Bei manchen Ausgaben, die sowohl privat als auch geschäftlich genutzt werden können (wie ein Laptop oder ein Auto), ist eine genaue Aufzeichnung der betrieblichen Nutzung wichtig. Hier können Fahrtenbücher oder Nutzungstagebücher helfen, im Falle einer Steuerprüfung den betrieblichen Anteil nachzuweisen.

Die Bank, das Geld und du

Ein weiterer wichtiger Aspekt der Selbstständigkeit ist das Finanzmanagement. Trenne privates und geschäftliches Geld, indem du ein separates Geschäftskonto einrichtest. Das erleichtert nicht nur die Buchhaltung, sondern macht auch einen professionellen Eindruck bei deinen Kunden.

Plane unbedingt Rücklagen ein. Als Selbstständiger hast du kein garantiertes monatliches Einkommen. Baue dir daher ein finanzielles Polster auf, das dich mindestens drei, besser sechs Monate tragen kann.

Verfolge offene Rechnungen aktiv. Führe genau Buch über deine Außenstände und reagiere schnell, wenn Kunden nicht zahlen. Zeit ist hier oft ein entscheidender Faktor.

Überlege bei Investitionen genau, ob sie dein Geschäft wirklich voranbringen. Ein teures Büro mag repräsentativ sein, aber ist es zu Beginn wirklich notwendig?

Eine häufige Herausforderung für junge Unternehmer ist die Beschaffung von Startkapital. Das Bootstrapping-Modell, bei dem du dein Unternehmen aus eigenen Mitteln und Umsätzen finanzierst, bietet den Vorteil, dass du die volle Kontrolle behältst. Der Nachteil: Das Wachstum ist möglicherweise langsamer.

Es gibt auch zahlreiche öffentliche Förderprogramme für Gründer, zum Beispiel das EXIST-Gründerstipendium für Studierende oder den Gründungszuschuss für Arbeitslose. Informiere dich bei den Wirtschaftsförderungen, der KfW oder deiner lokalen IHK.

Crowdfunding-Plattformen wie Kickstarter oder Startnext ermöglichen es dir, dein Projekt einer breiten Öffentlichkeit vorzustellen und Unterstützer zu finden. Für innovative und skalierbare Geschäftsmodelle mit hohem Wachstumspotenzial kommen private Investoren wie Business Angels oder Venture-Capital infrage. Sie bringen neben Kapital oft auch wertvolles Know-how und Netzwerke mit.

Marketing und Kundengewinnung

Ein eigenes Unternehmen zu haben ist gut – aber ohne Kunden nützt dir das beste Geschäftsmodell nichts. Daher ist Marketing von Anfang an ein zentrales Thema. Dabei musst du erst mal kein großes Budget einsetzen. Gerade für junge Unternehmen sind digitale Marketingkanäle besonders effektiv. Social Media bietet hervorragende Möglichkeiten, um deine Zielgruppe anzusprechen. Wähle die Plattformen, auf denen deine potenziellen Kunden aktiv sind – das können je nach Branche und Zielgruppe ganz unterschiedliche Plattformen sein.

Content-Marketing ist eine weitere kostengünstige Strategie. Indem du wertvolle Inhalte erstellst – sei es in Form von Blog-Artikeln, Videos oder Podcasts –, positionierst du dich als Experte in deinem Bereich. Das schafft Vertrauen und zieht genau die Kunden an, die an deinem Angebot interessiert sind.

Netzwerken ist ebenfalls ein wichtiger Faktor für deinen Erfolg. Besuche Branchenevents, nimm an lokalen Unternehmertreffen teil oder engagiere dich in Online-Communitys. Persönliche Kontakte und Empfehlungen sind oft die effektivsten Wege zur Kundengewinnung.

Ein häufig unterschätzter Aspekt ist die Kundenbindung. Es ist deutlich günstiger, bestehende Kunden zu halten, als neue zu gewinnen. Investiere daher in guten Service und regelmäßige Kommunikation mit deinen Kunden. Ein zufriedener Kunde wird dich nicht nur wieder beauftragen, sondern dich auch an andere weiterempfehlen.

Die Herausforderungen der Selbstständigkeit

Die Selbstständigkeit bietet viele Freiheiten, bringt aber auch einige Herausforderungen mit sich. Betrachten wir daher die häufigsten Schwierigkeiten:

Anders als im Angestelltenverhältnis hast du als Selbstständiger kein garantiertes Einkommen. Es wird Phasen geben, in denen die Aufträge nur so hereinströmen, und andere, in denen es mühsam ist, neue

Kunden zu gewinnen. Diese Unsicherheit müssen selbstständige Unternehmer aushalten können.

Eine Gegenstrategie: Baue dir mehrere Einkommensquellen auf. Neben deiner Haupttätigkeit könntest du beispielsweise passive Einkommensströme erschließen, wie digitale Produkte, die du einmal erstellst und dann immer wieder verkaufen kannst.

Gerade wenn du allein arbeitest, kann die Selbstständigkeit manchmal mit Einsamkeit verbunden sein. Du hast keine Kollegen für den Small Talk in der Kaffeepause und niemanden, mit dem du spontan Ideen austauschen kannst. Hier helfen Netzwerke: Schließe dich Gründer-Communitys an, nutze Co-Working-Spaces oder triff dich regelmäßig mit anderen Selbstständigen zum Austausch. In vielen Städten gibt es inzwischen „Unternehmerstammtische" oder branchenspezifische Meetups.

Als dein eigener Chef bist du auch dein eigener Motivator. Es gibt niemanden, der dir Aufgaben zuteilt oder kontrolliert, ob du sie erledigst. Diese Freiheit kann manchmal zur Last werden, besonders wenn Ablenkungen locken oder schwierige Aufgaben anstehen. Ein bewährter Ansatz ist die Arbeit mit klaren Tages- und Wochenzielen. Plane am Abend oder frühen Morgen, was du an diesem Tag erreichen möchtest. Belohne dich selbst für erledigte Aufgaben und schaffe dir Routinen, die dir helfen, fokussiert zu bleiben.

Eine der größten Herausforderungen für Selbstständige ist die Abgrenzung zwischen Arbeit und Freizeit. Wenn Arbeit und Wohnung am gleichen Ort sind und theoretisch zu jeder Zeit gearbeitet werden kann, verschwimmen die Grenzen schnell. Setze dir daher bewusst Arbeitszeiten und halte dich daran. Schaffe physische Trennungen zwischen Arbeits- und Wohnbereich, soweit das möglich ist. Und vor allem: Plane aktiv Freizeit und Erholung ein. Beides gehört ebenso zu einem erfolgreichen Unternehmerleben wie produktive Arbeitsphasen.

Rechtliche Absicherung und Vertragsgestaltung

Ein oft übersehener Aspekt der Selbstständigkeit ist die rechtliche Absicherung. Als Unternehmer bist du für die Einhaltung aller relevanten Gesetze selbst verantwortlich – vom Datenschutz über das Urheberrecht bis hin zum Verbraucherschutz.

Besonders wichtig ist die Vertragsgestaltung. Klare Verträge mit deinen Kunden schützen beide Seiten vor Missverständnissen und rechtlichen Problemen. Ein guter Vertrag sollte mindestens folgende Punkte umfassen:

- » eine präzise Beschreibung der zu erbringenden Leistung
- » klare Termine und Fristen
- » vereinbarte Vergütung und Zahlungsmodalitäten
- » Regelungen für den Fall von Verzögerungen oder Nichterfüllung
- » Bestimmungen zum Umgang mit geistigem Eigentum

Für Standardsituationen gibt es Vertragsmuster, die du an deine Bedürfnisse anpassen kannst. Bei komplexeren Projekten oder besonderen Anforderungen empfehle ich dir jedoch, einen Rechtsanwalt zurate zu ziehen. Die Investition in einen rechtssicheren Vertrag kann dir später viel Ärger und Kosten ersparen.

Ein weiterer wichtiger Punkt ist die Haftungsbeschränkung. Als Einzelunternehmer haftest du unbeschränkt mit deinem gesamten Privatvermögen. Bei riskanteren Geschäftsmodellen kann es daher sinnvoll sein, eine Rechtsform mit Haftungsbeschränkung zu wählen, wie die GmbH oder die Unternehmergesellschaft (UG) als Sonderform der GmbH (haftungsbeschränkt). Diese Rechtsformen sind allerdings mit höheren Kosten und mehr bürokratischem Aufwand verbunden.

Auch der Versicherungsschutz sollte nicht vernachlässigt werden. Neben der bereits erwähnten Krankenversicherung sind für Selbstständige je nach Branche folgende Versicherungen wichtig:

- » Berufshaftpflichtversicherung (schützt vor Schadenersatzansprüchen von Kunden)
- » Rechtsschutzversicherung (für rechtliche Auseinandersetzungen)

- Berufsunfähigkeitsversicherung (falls du deinen Beruf aus gesundheitlichen Gründen nicht mehr ausüben kannst)
- Betriebsinhaltsversicherung (schützt deine Geschäftsausstattung)

Mit digitalen Tools effizient arbeiten

Die Digitalisierung hat die Selbstständigkeit in vielerlei Hinsicht revolutioniert. Heute stehen dir zahlreiche Tools zur Verfügung, die dir die Arbeit erleichtern und dich effizienter machen. Hier einige Bereiche, in denen digitale Helfer besonders wertvoll sein können:

Für die Buchhaltung gibt es nutzerfreundliche Software wie Lexoffice, Debitoor oder Sevdesk. Diese Programme ermöglichen dir, Rechnungen zu erstellen, Belege zu erfassen und deine Finanzen im Blick zu behalten. Viele bieten auch Schnittstellen zum Steuerberater, was die Zusammenarbeit erleichtert.

Im Projektmanagement können Tools wie Trello, Asana oder Monday.com helfen, den Überblick über deine Aufgaben zu behalten. Du kannst Projekte strukturieren, Deadlines setzen und den Fortschritt verfolgen.

Für die Kundenkommunikation und -verwaltung sind CRM-Systeme (Customer Relationship Management) wie HubSpot, Pipedrive oder Zoho CRM hilfreich. Sie ermöglichen dir, Kundendaten zu organisieren, den Verkaufsprozess zu verfolgen und den Kontakt zu pflegen.

Im Marketing gibt es Tools für Social Media Management (z. B. Buffer, Hootsuite), E-Mail-Marketing (z. B. Mailchimp, SendinBlue) und Content Creation (z. B. Canva, Adobe Express).

Bei der Wahl der richtigen Tools ist es wichtig, nicht jedem Trend zu folgen. Konzentriere dich auf die Bereiche, die für dein Geschäft am wichtigsten sind, und wähle Tools, die zu deinen Arbeitsprozessen passen. Oft bieten Anbieter kostenlose Testversionen an – nutze diese, um verschiedene Optionen zu vergleichen, bevor du dich festlegst.

Dein nächster Schritt

Die Selbstständigkeit ist kein Selbstzweck, sondern ein Weg, um deine Ziele zu erreichen – sei es finanzielle Unabhängigkeit, kreative Freiheit oder die Möglichkeit, etwas zu bewegen, was dir wichtig ist. Der beste Weg, um herauszufinden, ob die Selbstständigkeit zu dir passt, ist, einfach anzufangen.

Du musst nicht gleich deinen Job kündigen oder dein Studium abbrechen. Starte nebenberuflich, teste deine Ideen, sammle Erfahrungen. So minimierst du das Risiko und kannst in Ruhe herausfinden, ob der Weg der Selbstständigkeit der richtige für dich ist. Der erste Schritt könnte sein, ein Problem zu identifizieren, das du lösen kannst, und eine erste Idee für dein Angebot zu entwickeln. Sprich dann mit potenziellen Kunden und sammle Feedback. Passe deine Idee entsprechend an und erstelle einen einfachen Businessplan mit einem klaren Angebot und einer Preisstruktur. Setze dir ein realistisches Ziel für die ersten drei Monate und mache den formalen Schritt: Melde ein Gewerbe an oder registriere dich als Freiberufler.

Es geht nicht darum, über Nacht reich zu werden, sondern darum, etwas aufzubauen, das langfristig trägt und dir Freude bereitet. Der wichtigste Schritt ist der erste – alles andere ergibt sich auf dem Weg. Ein weiterer wichtiger Erfolgsfaktor ist die Fähigkeit, aus Fehlern zu lernen. Gerade am Anfang wirst du nicht alles richtig machen – und das ist völlig in Ordnung. Entscheidend ist, dass du aus diesen Erfahrungen lernst und dein Geschäftsmodell kontinuierlich verbesserst.

Mit diesem Kapitel hoffe ich, dir nicht nur praktisches Wissen, sondern auch die Inspiration und den Mut mitgegeben zu haben, deine eigenen unternehmerischen Ideen zu verfolgen. Die Welt steht dir offen – nutze die Chancen, die sie dir bietet!

Teil 3

UMGANG MIT SCHULDEN UND KREDITEN

6
VERSTEHEN VON KREDITEN UND SCHULDEN

In diesem Kapitel geht es um ein Thema, das viele vielleicht erst mal abschreckt: Kredite und Schulden. Aber keine Sorge, ich erkläre dir alles von Grund auf und zeige dir, wie du clever damit umgehen kannst. Denn Kredite sind nicht per se schlecht, sie können sogar sehr sinnvoll sein – wenn man sie richtig einsetzt und versteht.

Was ist eigentlich ein Kredit?

Stell dir vor, du möchtest dir einen neuen Computer für dein Studium kaufen, hast aber zurzeit nicht genug Geld. Eine Möglichkeit wäre, dir das Geld von einem Freund oder deinen Eltern zu leihen – genau das ist im Prinzip ein Kredit. Nur dass du dir das Geld meist nicht von Bekannten leihst, sondern von einer Bank oder einem anderen Kreditgeber.

Der wichtigste Unterschied zum Leihen im privaten Umfeld: Bei einem Kredit zahlst du für das geliehene Geld Zinsen. Das bedeutet, du musst mehr zurückzahlen, als du dir geliehen hast. Diese Zinsen sind sozusagen die „Miete" für das geliehene Geld. Die Bank verdient damit Geld und gleicht ihr Risiko aus – denn theoretisch könntest du ja auch aufhören zu zahlen.

Abb. 6: Kreditkreislauf

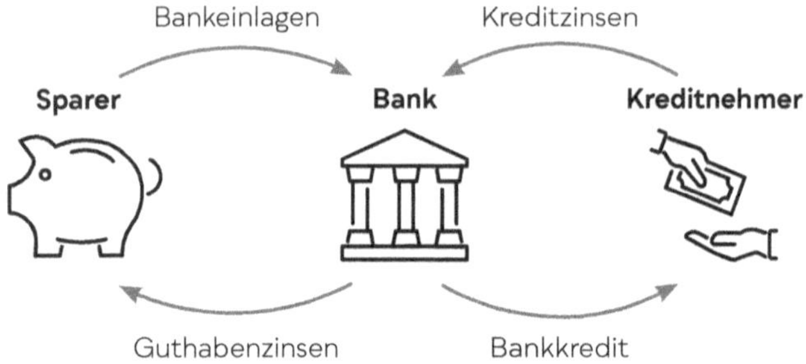

Das Schaubild zeigt einen sehr vereinfachten Ablauf, wie für die Bank das System eines Kredites abläuft.

Unterschiedliche Kreditarten – welcher passt zu mir?

Es gibt verschiedene Arten von Krediten. Jeder Kredit hat seine spezifischen Eigenschaften und eignet sich für bestimmte Situationen besser als andere. Lass uns die wichtigsten durchgehen: Mikrokredite sind kleine Kredite, meist unter einer Kreditsumme von 1.000 Euro. Sie werden insbesondere für kurzfristige Anschaffungen genutzt und werden von den Banken oft ohne eine intensive Prüfung deiner Kreditwürdigkeit schnell ausgezahlt. Aber Vorsicht: Die Zinsen sind oft sehr hoch!

Dann gibt es sogenannte Studienkredite. Diese sind speziell für Studierende entwickelt. Damit kannst du dein Studium finanzieren. Die Konditionen sind meist günstig und du musst erst nach dem Studium mit der Rückzahlung beginnen. Zudem gibt es noch den „Großen Bruder" unter den Krediten – die Immobilienfinanzierung. Damit finanzierst du den Kauf einer Wohnung oder eines Hauses. Diese Kredite laufen oft über 20 bis 30 Jahre und sind durch die Immobilie abgesichert. Wir werden in Kapitel 22 noch genauer darauf eingehen. Alle anderen Kreditformen, die dir höchstwahrscheinlich begegnen werden, schauen wir uns nun direkt an.

Der Dispokredit – dein Konto im Minus

Als junger Mensch wirst du wahrscheinlich zuerst mit dieser Kreditform in Berührung kommen. Der Dispo ist wie ein eingebauter Kredit auf deinem Girokonto. Wenn dein Konto leer ist, kannst du trotzdem noch bis zu einem bestimmten Limit Geld abheben oder bezahlen. Klingt erst mal praktisch, hat aber einen gewaltigen Haken: Die Zinsen sind extrem hoch, oft zwischen 10 bis 15 Prozent pro Jahr.

Ein Beispiel: Du überziehst dein Konto um 1.000 Euro für ein ganzes Jahr. Bei 12 Prozent Zinsen zahlst du 120 Euro nur an Zinsen! Das ist richtig viel Geld, das du der Bank quasi schenkst. Der Dispo sollte deshalb nur für absolute Notfälle und kurze Zeiträume genutzt werden. Sieh ihn wie einen Rettungsring – gut zu haben, wenn man ihn mal braucht, aber nichts, worauf man sich dauerhaft verlassen sollte.

Abb. 7: Zinssatz für Überziehungskredite in Deutschland in den Jahren von 2003 bis 2024

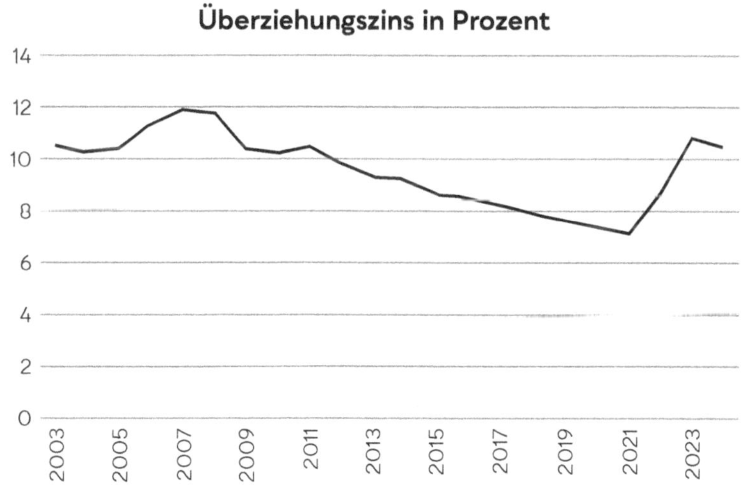

Trotz der ständigen Veränderung ist der Dispozinssatz auf einem hohen Niveau. Die Mehrkosten zu einem üblichen Ratenkredit sind enorm.

Quelle: Deutsche Bundesbank

Der Ratenkredit – planbar und übersichtlich

Ein Ratenkredit ist wie ein durchgeplanter Roadtrip. Du weißt genau, wie viel du dir leihst, wie hoch deine monatlichen Raten sind und wann du mit der Rückzahlung fertig bist. Diese Kredite eignen sich gut für mittelgroße Anschaffungen wie ein Auto oder eine neue Wohnungseinrichtung.

Die Voraussetzungen für einen Ratenkredit sind:

- » ein regelmäßiges Einkommen
- » meist ein unbefristeter Arbeitsvertrag
- » eine positive SCHUFA-Auskunft
- » Volljährigkeit

Die Kreditkarte – mehr als nur bargeldloses Bezahlen

Kreditkarten gibt es in verschiedenen Varianten. Zum einen wäre da die Debitkarte. Hier wird dein Konto sofort oder sehr zeitnah belastet. Das ist die sicherste Variante, weil du nur ausgeben kannst, was du hast. Besonders beliebt ist zudem die Charge-Karte. Alle Ausgaben werden gesammelt und einmal im Monat von deinem Konto abgebucht. Du brauchst also Disziplin, um den Überblick zu behalten. Zu guter Letzt folgt noch die gefährlichste Variante, die Revolving-Karte! Du kannst die monatliche Abrechnung in Raten zahlen – zu sehr hohen Zinsen. Das solltest du unbedingt vermeiden!

Zinsen und Kosten – der Preis fürs geliehene Geld

Jetzt wird's etwas mathematisch, was dich aber nicht zu beunruhigen braucht, ich erkläre es dir so einfach wie möglich. Zinsen sind wie eine Leihgebühr für das Geld. Je mehr du dir leihst und je länger du es behältst, desto mehr musst du zahlen.

Die Zinsberechnung hängt von drei Hauptfaktoren ab:

1. Kredithöhe (wie viel du dir leihst)

2. Zinssatz (wie viel Prozent du pro Jahr für den Kredit zahlen musst)
3. Laufzeit (wie lange du den Kredit nutzt)

Ein konkretes Beispiel: Du leihst dir 5.000 Euro für ein gebrauchtes Auto. Der Zinssatz beträgt fünf Prozent pro Jahr und du willst den Kredit in vier Jahren zurückzahlen. Deine monatliche Rate würde etwa 115 Euro betragen und insgesamt würdest du über die vier Jahre etwa 527 Euro an Zinsen zahlen.

Der effektive Jahreszins – dein wichtigstes Vergleichsinstrument

Wenn du Kreditangebote vergleichst, ist der effektive Jahreszins die wichtigste Zahl für dich. Er berücksichtigt nicht nur die reinen Zinsen, sondern auch alle anderen Kosten wie Bearbeitungsgebühren oder Kontoführungsgebühren. Der effektive Jahreszins ist sozusagen die „Wahrheit“ über die Gesamtkosten des Kredits.

Ein Beispiel: Bank A bietet dir einen Kredit mit vier Prozent Zinsen an, verlangt aber 200 Euro Bearbeitungsgebühr. Bank B will 4,5 Prozent Zinsen, aber keine weiteren Gebühren. Der effektive Jahreszins macht diese Angebote vergleichbar und zeigt dir, welches wirklich günstiger ist.

Versteckte Kosten – die Kleingedruckte-Falle

Apropos Kosten – da gibt es noch einige Fallen, in die du nicht tappen solltest. Besonders beliebt bei Banken sind:

- Bearbeitungsgebühren: eine einmalige Zahlung zu Beginn des Kredits
- Kontoführungsgebühren: monatliche Kosten für das Kreditkonto
- Restschuldversicherung: eine Versicherung, die den Kredit im Notfall weiterzahlt

Besonders bei der Restschuldversicherung solltest du sehr vorsichtig sein. Sie ist oft teuer und in vielen Fällen unnötig. Lass dir nicht einreden, dass du sie unbedingt brauchst!

Die SCHUFA – dein finanzieller Lebenslauf

Die SCHUFA ist wie ein Gedächtnis für dein Zahlungsverhalten. Sie sammelt Informationen darüber, wie zuverlässig du Rechnungen und Kredite bezahlst. Daraus errechnet sie einen Score, der anderen zeigt, wie vertrauenswürdig du als Schuldner bist.

Was die SCHUFA über dich speichert:

- ob du Kredite pünktlich zurückzahlst
- ob du Rechnungen bezahlst
- wie viele Kreditkarten du hast
- wie oft du nach Krediten fragst

Ein negativer SCHUFA-Eintrag kann dir das Leben schwer machen. Du bekommst dann möglicherweise keine weiteren Kredite, keine Kreditkarte, Probleme bei der Wohnungssuche oder sogar Schwierigkeiten beim Abschluss von Handyverträgen.

Deine Bonität verbessern – so wirst du kreditwürdig

Die gute Nachricht: Du kannst aktiv daran arbeiten, deine Bonität (also deine Kreditwürdigkeit) zu verbessern oder auf einem guten Niveau zu halten. Hier sind die wichtigsten Tipps:

1. *Zahle IMMER pünktlich*
   Egal ob Handyrechnung oder Streamingdienst – pünktliche Zahlung ist das A und O. Ermächtige am besten deine Vertragspartner, die Beiträge direkt von deinem Konto einzuziehen. So vermeidest du, den Zahlungstermin zu vergessen.

2. *Nutze den Dispo nur im Notfall*
   Dauerhafte Kontoüberziehungen sind für die Banken ein Warnsignal. Damit gibst du ihnen das Gefühl, dass du nicht gut mit deinem Geld wirtschaften kannst.
3. *Beantrage nicht zu viele Kredite*
   Jede Kreditanfrage wird gespeichert und kann deinen Score verschlechtern. Oft werden selbst schon Anfragen bei Vergleichsplattformen vermerkt – obwohl man sich vielleicht nur interessehalber Angebote einholen wollte.
4. *Behalte den Überblick*

Führe eine Liste deiner Verbindlichkeiten und stelle sicher, dass du sie bedienen kannst. Viele kleine Schuldenberge können sich schnell anhäufen und zu einem ernsten Problem werden.

Ein wichtiger Hinweis zum Schluss: Du hast das Recht, einmal im Jahr kostenlos bei der SCHUFA nachzufragen, welche Daten über dich gespeichert sind. Nutze dieses Recht! So kannst du auch fehlerhafte Einträge erkennen und korrigieren lassen. Behalte immer im Hinterkopf: Ein Kredit ist kein kostenloses Geld, sondern eine ernsthafte finanzielle Verpflichtung. Nutze ihn klug und überlege dir gut, ob du die zusätzliche finanzielle Belastung wirklich tragen kannst und willst. Im nächsten Kapitel schauen wir uns an, wie du Schulden vermeiden kannst und was du tun kannst, wenn du bereits in der Schuldenfalle steckst.

7 SCHULDENMANAGEMENT

Schulden sind wie ein unsichtbares Netz. Erst merkst du gar nicht, dass du dich darin verfängst, und plötzlich fühlst du dich gefangen. In diesem Kapitel zeige ich dir, wie du die Fallen erkennst und ihnen ausweichst – oder wie du wieder herauskommst, falls es dich doch erwischt hat.

Die heimtückischen Ursachen von Überschuldung

Das Tückische an Schulden ist ihr schleichender Beginn. Oft fängt es harmlos an – eine nicht bezahlte Handyrechnung hier, eine aufgeschobene Stromzahlung da. Doch wie bei einem Schneeball, der den Berg hinunterrollt, werden die Probleme immer größer. Aus der einen unbezahlten Rechnung werden schnell mehrere, Mahngebühren kommen hinzu und schon hat sich ein bedrohlicher Schuldenberg aufgetürmt.

Besonders gefährlich sind die unerwarteten Schicksalsschläge. Der Verlust des Jobs, eine längere Krankheit oder unerwartete hohe Ausgaben können jeden treffen. Gerade in solchen Situationen zeigt sich, wie wichtig finanzielle Reserven sind. Doch die Realität sieht oft anders aus – viele Menschen leben von Monat zu Monat und haben keine Rücklagen für Notfälle.

Der moderne Konsumwahnsinn verstärkt diese Problematik noch. „Buy Now, Pay Later"-Angebote sind wie süßes Gift – verlockend, aber potenziell gefährlich. Du kannst das Produkt jetzt kaufen, zahlst es aber erst später – meist per Ratenzahlung. Und das mit nur wenigen Klicks. Für viele fühlen sich diese Angebote gar nicht wie Kredite an, da der Vertrag so einfach mit wenigen Klicks abgeschlossen ist. Und genau das macht solche Verträge so gefährlich. Derartige Zahlungsmethoden sind heute allgegenwärtig: beim Onlineshopping, im Elektronikmarkt, sogar beim Klamottenkauf. Das Problem dabei ist der schnell verlorene Überblick über die eigenen finanziellen Verpflichtungen. Wenn dann noch der Job wegfällt oder unerwartete Ausgaben dazukommen, wird es schnell eng.

Einkommensverlust – wenn die Grundlage wegbricht

Der Verlust des Arbeitsplatzes gehört zu den größten finanziellen Risiken im Leben. Egal ob Kündigung, Betriebsschließung oder unerwartete gesundheitliche Probleme – plötzlich ohne regelmäßiges Einkommen dazustehen kann jeden treffen. Diese Situation ist nicht nur finanziell belastend, sondern auch emotional herausfordernd. Ein gut durchdachter Notfallplan kann dir helfen, diese schwierige Phase zu überstehen. Wenn du deinen Job verlierst, zählt jeder Tag. Hier sind die ersten Schritte, die du umgehend unternehmen solltest:

Melde dich innerhalb von drei Tagen arbeitslos. Dies ist entscheidend für deinen Anspruch auf Arbeitslosengeld. Die Meldung kannst du persönlich, telefonisch oder online bei der Agentur für Arbeit vornehmen. Wichtig ist, dass du den Termin für die persönliche Arbeitslosmeldung einhältst, der dir mitgeteilt wird.

Verschaffe dir einen Überblick über deine finanzielle Situation. Wie viel Geld hast du auf deinen Konten? Welche Ausgaben kannst du reduzieren oder vorübergehend streichen? Ein detaillierter Überblick hilft dir, die nächsten Wochen und Monate zu planen. Denk daran, dass du möglicherweise Anspruch auf eine Abfindung hast – kläre dies mit deinem ehemaligen Arbeitgeber.

Überprüfe deine Versicherungen. Manche Policen, zum Beispiel von Berufsunfähigkeits- oder Risikolebensversicherungen, bieten bei Arbeitslosigkeit die Möglichkeit einer Beitragspause. Kontaktiere deine Versicherungen und erkundige dich nach solchen Optionen. Die Betonung sollte hier wirklich auf BeitragsPAUSE liegen. Ist der Vertrag einmal gekündigt, gibt es selten einen Weg zurück.

Staatliche Hilfen nutzen

Der deutsche Sozialstaat bietet verschiedene Unterstützungsmöglichkeiten, die du kennen solltest: Das Arbeitslosengeld I beträgt bis zu einem Höchstsatz etwa 60 Prozent deines letzten Nettoeinkommens (67 Prozent, wenn du Kinder hast). Die Bezugsdauer hängt von deinem Alter und der Dauer deiner vorangegangenen Beschäftigung ab. Standardmäßig beträgt sie zwölf Monate, kann aber für ältere Arbeitnehmer bis zu 24 Monate betragen. Falls dein Anspruch auf Arbeitslosengeld I ausläuft oder nicht ausreicht, kommt Arbeitslosengeld II (umgangssprachlich „Hartz IV", heute Bürgergeld) infrage. Diese Leistung sichert das Existenzminimum, berücksichtigt aber dein vorhandenes Vermögen. Ein gewisser Freibetrag bleibt jedoch unangetastet. Wohngeld kann eine zusätzliche Unterstützung sein, wenn dein Einkommen für die Miete nicht ausreicht. Es wird jedoch mit anderen Sozialleistungen verrechnet.

Ausgaben reduzieren und Prioritäten setzen

In finanziellen Notlagen ist es entscheidend, das vorhandene Geld gezielt einzusetzen. Erstelle eine Prioritätenliste deiner Ausgaben. Miete, Strom, Heizung und Lebensmittel haben oberste Priorität. Abonnements, Restaurantbesuche oder neue Kleidung können hingegen warten. Bei Zahlungsschwierigkeiten ist eine frühzeitige Kommunikation wichtig. Kontaktiere deine Gläubiger, bevor Mahnungen eintreffen. Viele Banken, Vermieter und Versorgungsunternehmen bieten Stundungsmöglichkeiten oder Ratenzahlungen an, wenn du proaktiv auf sie zugehst.

Der Weg aus der Schuldenfalle

Wenn die Schulden bereits da sind, ist der erste und wichtigste Schritt, den Kopf nicht in den Sand zu stecken. Je früher man die Situation aktiv angeht, desto größer sind die Chancen, sie in den Griff zu bekommen. Der Weg aus den Schulden beginnt damit, sich einen vollständigen Überblick zu verschaffen. Alle Unterlagen müssen auf den Tisch – Mahnungen, Verträge, Kontoauszüge. Nur wer weiß, wo er steht, kann einen realistischen Plan machen. Hier ist es von Vorteil, wenn du wie im vorherigen Kapitel über Budgetierung deine Finanzen bereits gut aufgegliedert hast.

Der nächste wichtige Schritt ist das Setzen von Prioritäten bei der Schuldentilgung. Nicht alle Schulden sind in gleichem Maß dringend. Besonders wichtig ist die Sicherung der Grundversorgung – also Zahlungen für Miete, Strom und Heizung. Diese Verpflichtungen sollten immer Vorrang haben, denn hier drohen bei Zahlungsverzug besonders schnell ernste Konsequenzen.

Der Umgang mit den Gläubigern ist dabei ein entscheidender Faktor. Die Erfahrung zeigt, dass die meisten Gläubiger zu Gesprächen bereit sind, wenn man von sich aus aktiv wird. Statt Mahnungen zu ignorieren, ist es sinnvoll, frühzeitig das Gespräch zu suchen und realistische Vorschläge für Ratenzahlungen zu machen. Offene Kommunikation schafft Vertrauen und eröffnet oft Spielräume für individuelle Lösungen.

Auch eine Umschuldung kann in vielen Fällen ein sinnvoller Weg sein, die finanzielle Situation zu verbessern. Dabei werden mehrere bestehende Kredite mit möglicherweise hohen Zinssätzen zu einem einzigen Kredit mit besseren Kondition en zusammengefasst. Das verschafft nicht nur einen besseren Überblick, sondern kann auch die monatliche Belastung deutlich reduzieren. Allerdings sollte man sich für die Suche nach einem passenden Umschuldungskredit Zeit nehmen und verschiedene Angebote sorgfältig vergleichen. Gute Tipps für Vergleichsrechner findest du auf meiner Website timo-finanztipp.de.

Wenn die Schuldenlast zu erdrückend wird und eine eigenständige Regulierung nicht mehr möglich erscheint, gibt es die Möglichkeit der Privatinsolvenz. Dieser Weg bedeutet zwar zunächst erhebliche Einschränkungen, bietet aber die Chance auf einen echten Neuanfang. Nach einer festgelegten Zeit, meist drei Jahre, können Betroffene schuldenfrei neu starten. Während dieser Zeit müssen sie einen Teil ihres Einkommens an die Gläubiger abtreten, behalten aber genug zum Leben. Dieser Schritt sollte wirklich sehr gut überlegt und das letzte Mittel sein.

Merkt man, dass man die Schulden nicht mehr selbst bewältigen kann, sollte vor der Beantragung einer Privatinsolvenz zunächst professionelle Hilfe gesucht werden. In jeder größeren Stadt gibt es kostenlose Schuldnerberatungsstellen. Diese Beratungen sind absolut vertraulich und helfen dabei, die eigene finanzielle Situation zu analysieren und realistische Lösungswege zu entwickeln. Die Berater kennen sich mit allen rechtlichen Möglichkeiten aus und können auch bei Verhandlungen mit Gläubigern unterstützen. Erst wenn dir die Experten raten, Insolvenz anzumelden, solltest du diesen Schritt näher in Betracht ziehen.

Lass es gar nicht erst so weit kommen

Der beste Schutz vor einer Überschuldung ist allerdings die Prävention. Ein finanzielles Polster für Notfälle aufzubauen ist dabei der wichtigste Baustein. Auch wenn es anfangs schwerfällt – selbst kleine, aber regelmäßige Rücklagen können im Ernstfall den entscheidenden Unterschied machen. Ein kritischer Blick auf das eigene Konsumverhalten ist ebenfalls wichtig. Gerade die verlockenden „Jetzt kaufen, später zahlen"-Angebote sollten kritisch hinterfragt werden.

Ein besonderes Augenmerk verdienen auch Verträge mit längerfristigen finanziellen Verpflichtungen. Seien es der Handyvertrag, der Fitnessstudiovertrag oder der Vertrag über die Nutzung von Streamingdiensten – hier verstecken sich oft Kostenfallen in Form von langen Mindestlaufzeiten oder automatischen Verlängerungen. Ein genaues Studium des Kleingedruckten kann später teure Überraschungen vermeiden.

Das Wichtigste im Umgang mit drohender oder bereits eingetretener Überschuldung ist, das Thema nicht zu tabuisieren. Finanzielle Probleme sind keine Schande und können jeden treffen. Je früher man sich der Situation stellt und aktiv nach Lösungen sucht, desto größer sind die Chancen, wieder auf einen grünen Zweig zu kommen. Der Weg aus den Schulden mag manchmal steinig erscheinen, aber er ist machbar. Mit der richtigen Strategie, professioneller Unterstützung und dem nötigen Durchhaltevermögen kann jede Schuldensituation bewältigt werden. Dabei gilt: Schulden sind keine Charakterschwäche, sondern oft das Ergebnis ungünstiger Umstände oder falscher Entscheidungen. Das Wichtigste ist, aktiv zu werden und sich bei Bedarf Hilfe zu holen.

Teil 4

VERSICHERUNGEN

8
GRUNDLAGEN DER VERSICHERUNGEN – DEIN SICHERHEITSNETZ IM LEBEN

Achtung, jetzt betreten wir die Welt der Versicherungen. Ich weiß, was du denkst: „Versicherungen? Gähn!“ Aber glaub mir, das Thema ist wichtiger und interessanter, als du vielleicht denkst. Denn Versicherungen sind wie ein unsichtbares Sicherheitsnetz, das dich auffängt, wenn mal was schiefgeht.

Versetz dich doch einmal in die Lage: Du fährst mit deinem Fahrrad zur Uni oder zur Arbeit. Plötzlich rutschst du auf nassem Laub aus und beschädigst dabei das teure E-Bike deines Kumpels. Ohne Versicherung müsstest du den Schaden aus eigener Tasche bezahlen – und das können schnell mehrere Tausend Euro sein. Mit einer Haftpflichtversicherung hingegen ist das kein Problem. Sie übernimmt die Kosten für dich.

Warum Versicherungen wichtig sind

Lass uns mal einen Moment darüber nachdenken, warum wir überhaupt Versicherungen brauchen. Das Leben steckt voller Überraschungen – und leider nicht nur positiven. Dein Handy fällt ins Klo, du wirst krank und kannst nicht arbeiten oder ein Wasserrohrbruch verwüstet deine erste eigene Wohnung. All das sind Situationen, die nicht nur nervig sind, sondern auch richtig teuer werden können.

Versicherungen funktionieren dabei wie ein finanzieller Airbag: Sie schützen dich vor den Folgen von Unfällen, Krankheiten oder anderen unerwarteten Ereignissen, die meist ins Geld gehen würden.

Dabei geht es nicht nur um kleine Schäden, sondern oft um existenzbedrohende Summen. Ein Beispiel: Ein Sportunfall mit bleibenden Schäden kann bedeuten, dass du deinen Traumberuf nicht mehr ausüben kannst. Möglicherweise hast du so starke Schäden davongetragen, dass du auch einen anderen Beruf nicht mehr ausüben kannst. Eine Berufsunfähigkeitsversicherung würde dir in diesem Fall ein regelmäßiges Einkommen zahlen, welches du bei Abschluss der Versicherung vereinbart hast.

Aufgebaut sind Versicherungen auf dem Prinzip der Solidarität: Viele Menschen zahlen regelmäßig einen kleinen Betrag in einen Topf ein. Wenn dann bei jemandem ein Schaden eintritt, wird das Geld aus diesem Topf genommen, um den Schaden zu bezahlen. Es ist wie bei einer riesigen Gemeinschaftskasse, bei der alle füreinander einstehen.

Wie funktionieren Versicherungen konkret?

Eine Versicherung ist im Grunde ein Vertrag zwischen dir und der Versicherungsgesellschaft. Du zahlst regelmäßig einen bestimmten Betrag. Dieser wird Prämie oder Versicherungsbeitrag genannt. Im Gegenzug verpflichtet sich die Versicherung, dir im Schadensfall eine vereinbarte Summe zu zahlen oder für entstandene Kosten aufzukommen. Die Höhe deiner Prämie hängt von verschiedenen Faktoren ab:

» Wie wahrscheinlich ist es, dass ein Schaden eintritt?
» Wie hoch könnte der Schaden sein?
» Welche persönlichen Merkmale bringst du mit?

Nehmen wir als Beispiel eine Unfallversicherung: Wenn du als Bürokaufmann arbeitest, zahlst du weniger als jemand, der als Dachdecker tätig ist. Warum? Ganz einfach: Das Risiko, einen Arbeitsunfall zu erleiden, ist bei körperlicher Arbeit in der Höhe deutlich größer. Die Versicherung kalkuliert das Risiko und berechnet daraus deinen Beitrag. Je höher das Risiko, desto höher die Prämie. Dabei fließen verschiedene Faktoren ein wie Alter, Gesundheitszustand, Beruf oder aber auch deine Hobbys und dein Wohnort.

Spannend wird es bei den Versicherungsleistungen. Das sind sozusagen die Versprechen, die dir die Versicherung gibt. Im Schadensfall – also wenn wirklich etwas passiert – greift dir die Versicherung unter die Arme. Dabei unterscheiden wir zwischen Pflicht- und Zusatzleistungen.

Pflichtleistungen sind die Basics, die in jedem Fall abgedeckt sind. Bei einer Privathaftpflicht zum Beispiel ist das der Ersatz von Schäden, die du anderen zufügst. Zusatzleistungen sind dagegen wie das Extra-Topping auf deiner Pizza – nice to have, aber nicht unbedingt notwendig. Das könnte zum Beispiel der Schlüsselverlust bei der Haftpflicht sein, also wenn du den Schlüssel deiner Firma verlierst und alle Schlösser ausgetauscht werden müssen.

Ein wichtiger Punkt, den viele übersehen: Fast jede Versicherung hat eine Selbstbeteiligung. Das bedeutet, dass du bei einem Schaden einen gewissen Anteil selbst zahlen musst. Bei einer Handyversicherung könnten das beispielsweise 50 Euro sein. Erst wenn der Schaden höher ist, springt die Versicherung ein. Das macht durchaus Sinn: Es verhindert, dass Leute wegen jeder Kleinigkeit einen Schaden melden, und so werden die Beiträge für alle niedrig gehalten.

Versicherung vs. Vorsorge – was ist der Unterschied?

Jetzt wird's etwas kniffliger. Versicherung und Vorsorge werden oft in einen Topf geworfen, sind aber nicht dasselbe. Eine Versicherung schützt dich vor unerwarteten Ereignissen. Sie springt ein, wenn etwas Negatives passiert. Die Vorsorge hingegen ist mehr wie ein Sparplan für die Zukunft. Du legst Geld zurück für Ereignisse, die definitiv kommen werden – zum Beispiel das Alter.

Ein Beispiel macht's klarer: Eine Unfallversicherung (Versicherung) zahlt, wenn du einen Unfall hast – was hoffentlich nie passiert. Eine private Rentenversicherung (Vorsorge) zahlt dir dagegen eine monatliche Rente im Alter – was höchstwahrscheinlich eintreten wird.

Es gibt aber auch Mischformen, die beide Welten verbinden. Die bekannteste ist die kapitalbildende Lebensversicherung. Sie vereint eine Todesfallabsicherung (Versicherung) mit einem Sparvertrag (Vorsorge). Ob das sinnvoll ist? Nun, darüber streiten sich die Experten. Oft ist es besser, beides getrennt voneinander abzuschließen – also eine reine Risikolebensversicherung für den Todesfallschutz und parallel dazu einen ETF-Sparplan für die Altersvorsorge.

Das Wichtigste bei beiden Themen ist: Sie müssen zu deiner Lebenssituation passen. Als Student brauchst du andere Versicherungen und eine andere Vorsorgestrategie als jemand, der schon Familie hat. Es ist wie mit Kleidung – „One size fits all" gibt's nicht wirklich.

Kleiner Funfact am Rande: Die erste bekannte Versicherung gab es schon im alten Babylon, vor etwa 4.000 Jahren! Karawanenhändler schlossen sich zusammen und teilten das Risiko von Überfällen und Verlusten. Ziemlich clever, oder? Das Grundprinzip ist bis heute dasselbe geblieben: Gemeinsam ist man stärker als allein.

Besonders wichtig ist mir, dass du verstehst: Versicherungen sind kein notwendiges Übel, sondern ein wichtiges Werkzeug. Sie geben dir die Sicherheit, dass du dir nicht jeden Tag Gedanken über finanzielle Konsequenzen machen musst. Ohne Haftpflichtversicherung würdest du dich vielleicht nicht trauen, ein teures E-Bike zu leihen. Ohne Berufsunfähigkeitsversicherung müsstest du dir ständig Sorgen machen, was passiert, wenn du deinen Beruf aufgrund einer Krankheit oder eines Unfalls nicht mehr ausüben kannst. Gleichzeitig solltest du nicht in die Falle tappen, dich gegen alles und jedes zu versichern. Manche Versicherungen sind einfach überflüssig. Das Geld, das du dort sparst, kannst du besser in wichtigere Versicherungen oder in deine Vorsorge stecken.

In den nächsten Kapiteln schauen wir uns die wichtigsten Versicherungen an. Du lernst, welche du wirklich brauchst und wie du gute von schlechten Angeboten unterscheidest. Das Fundament hast du: Du weißt, wie Versicherungen funktionieren und warum sie wichtig sind.

9

ESSENZIELLE VERSICHERUNGEN FÜR JUNGE ERWACHSENE – DEIN GRUNDSCHUTZ FÜRS LEBEN

Nachdem wir die Grundlagen der Versicherungen kennengelernt haben, schauen wir uns jetzt die wichtigsten Versicherungen für dich als jungen Menschen an. Ich zeige dir, welche Versicherungen du wirklich brauchst und worauf du beim Abschluss achten solltest.

Die private Haftpflichtversicherung – dein finanzieller Schutzengel

Stell dir vor, du bist mit deinem Fahrrad unterwegs und übersiehst beim Abbiegen einen Tesla. Der Fahrer muss stark bremsen und ein nachfolgender Porsche fährt auf. Das wird ein teurer Spaß. Ohne Haftpflichtversicherung könnte solch ein Unfall möglicherweise dein finanzielles Aus bedeuten. Denn für Schäden, die du anderen zufügst, musst du mit deinem gesamten Vermögen haften – nicht nur heute, sondern auch in Zukunft. Die private Haftpflichtversicherung ist deshalb die absolute Nummer 1 unter den wichtigen Versicherungen. Dabei ist der Deckungsumfang meist größer, als du denkst. Typische Fälle sind:

- Sachschäden wie ein umgestoßener Laptop im Café
- Personenschäden, wenn jemand durch dein Verschulden verletzt wird

- Vermögensschäden, etwa wenn jemand wegen einer von dir verursachten Verletzung nicht arbeiten kann
- Mietsachschäden in deiner Wohnung
- Verlust fremder Schlüssel

Die gute Nachricht: Eine Haftpflichtversicherung ist in den allermeisten Fällen günstig. Als junger Mensch zahlst du etwa 50 bis 70 Euro im Jahr. Dafür bekommst du in der Regel eine Deckungssumme von mindestens zehn Millionen Euro. Das klingt anfangs nach einer großen Summe, diese ist jedoch auf jeden Fall sinnvoll. Denn gerade bei Personenschäden können die Kosten schnell in die Millionen gehen, etwa wenn jemand lebenslang pflegebedürftig wird.

Beim Abschluss solltest du auf einige wichtige Punkte achten:

1. Die Deckungssumme sollte mindestens zehn Millionen Euro betragen
2. Schäden im Ausland sollten mitversichert sein
3. Der Verlust fremder Schlüssel sollte eingeschlossen sein
4. Eine geringe oder gar keine Selbstbeteiligung ist vorteilhaft

Ein Spartipp: Solange du noch bei deinen Eltern wohnst oder studierst, bist du meist über deren Haftpflichtversicherung mitversichert. Das gilt auch, wenn du in einer WG oder einem Studentenwohnheim lebst. Sobald du aber berufstätig bist oder heiratest, brauchst du eine eigene Police. Um auf Nummer sicher zu gehen, solltest du daher in jedem Fall bei der Versicherung deiner Eltern oder deiner Mitbewohner anrufen und nachfragen, ob Versicherungsschutz für dich besteht – das dauert nicht länger als fünf Minuten!

Die gesetzliche Krankenversicherung (GKV) – deine Gesundheitsgrundversorgung

Kommen wir nun zur allseits bekannten Krankenversicherung. In Deutschland gilt dabei das Prinzip der Versicherungspflicht. Das bedeutet, dass jeder krankenversichert sein muss. Die meisten Menschen sind Mitglied der gesetzlichen Krankenversicherung (GKV). Diese funktioniert nach dem sogenannten Solidarprinzip. Alle Versicherten zahlen entsprechend ihrem Einkommen ein und jeder bekommt die medizinisch notwendige Versorgung – egal ob reich oder arm, jung oder alt, gesund oder krank.

Als Mitglied einer gesetzlichen Krankenkasse hast du Anspruch auf eine umfassende medizinische Versorgung. Dazu gehören Arztbesuche, Krankenhausaufenthalte, Medikamente, Vorsorgeuntersuchungen und einiges mehr. Der große Vorteil dabei ist, dass du dir keine Gedanken über die Kosten machen musst, die Krankenkasse rechnet direkt mit den Ärzten und Krankenhäusern ab. Für junge Menschen ist die GKV besonders attraktiv, weil du unter bestimmten Voraussetzungen bei deinen Eltern kostenfrei mitversichert sein kannst. Das gilt:

- bis zum 25. Lebensjahr, wenn du studierst
- bis zum 23. Lebensjahr, wenn du nicht studierst und nicht arbeitest
- ohne Altersbegrenzung, wenn du aufgrund einer Behinderung nicht selbst für deinen Unterhalt sorgen kannst

Sobald du ein regelmäßiges Einkommen hast, zahlst du einen prozentualen Anteil deines Bruttogehalts als Beitrag. 2025 liegt der durchschnittliche Beitragssatz (inklusive Zusatzbeitrag) bei etwa 17 Prozent, wovon dein Arbeitgeber ungefähr die Hälfte übernimmt.

Die private Krankenversicherung (PKV) – Alternative mit Vor- und Nachteilen

„Privat versichert“ klingt erst mal nach Premium-Versorgung. Aber ist die private Krankenversicherung wirklich besser? Nun, das kommt ganz darauf an. Die PKV funktioniert nach einem anderen Prinzip als die GKV. Du schließt einen individuellen Versicherungsvertrag ab und deine Beiträge richten sich nach deinem persönlichen Gesundheitsrisiko – also nach Alter, Gesundheitszustand und gewähltem Leistungsumfang. Der Wechsel in die PKV ist allerdings nicht für jeden möglich. Du musst entweder

» Angestellter sein und mehr als 73.800 Euro brutto pro Jahr verdienen (Stand 2025)
» oder Beamter sein
» oder selbstständig sein.

Die PKV kann einige Vorteile wie kürzere Wartezeiten bei Fachärzten, Chefarztbehandlung im Krankenhaus oder Anwendung alternativer Heilmethoden bieten. Allerdings gibt es auch Nachteile: Die Beiträge steigen mit dem Alter oft deutlich an und eine Rückkehr in die GKV ist später kaum möglich.

Ein weiterer wichtiger Aspekt der PKV ist das Prinzip der Altersrückstellungen. Anders als in der GKV zahlst du in jungen Jahren bewusst mehr ein, damit ein Teil deiner Beiträge für das Alter zurückgelegt werden kann. Diese Rückstellungen sollen die sonst unvermeidlichen Beitragssteigerungen im Alter abmildern. Allerdings sind diese Altersrückstellungen bei einem Wechsel zu einer anderen privaten Krankenversicherung nur teilweise übertragbar, was dich faktisch an deinen Versicherer bindet.

Besonders für junge Menschen ist auch der Aspekt der Familienversicherung zu bedenken. Während in der GKV Ehepartner ohne eigenes oder mit geringem Einkommen sowie Kinder kostenlos mitversichert sind, muss in der PKV für jedes Familienmitglied ein eigener Beitrag gezahlt werden. Dies kann den finanziellen Vorteil, den die PKV für Gutverdiener zu Beginn oft bietet, schnell umkehren, sobald eine Familie gegründet wird.

Ein häufig übersehener Punkt ist das Thema Vorerkrankungen. Während die gesetzliche Krankenversicherung jeden aufnehmen muss – unabhängig vom Gesundheitszustand –, kann eine private Krankenversicherung bei bestimmten Vorerkrankungen Risikozuschläge erheben, bestimmte Leistungen ausschließen oder die Aufnahme sogar ganz verweigern. Daher lohnt sich der Wechsel in die PKV vor allem für Menschen, die jung und gesund sind.

Die Tarifstruktur der PKV ist zudem deutlich komplexer als in der GKV. Du kannst zwischen verschiedenen Leistungspaketen wählen und Selbstbeteiligungen vereinbaren, um die Beiträge zu senken. Diese Wahlfreiheit erlaubt eine individuelle Anpassung an deine Bedürfnisse, erfordert aber auch eine intensive Auseinandersetzung mit dem Thema. Ein zu spartanischer Tarif kann sich im Krankheitsfall als kostspielige Fehlinvestition erweisen. Gerade hier empfiehlt es sich, sich von einem unabhängigen Versicherungsexperten beraten zu lassen.

Nicht zuletzt unterscheidet sich auch das Abrechnungssystem grundlegend: Als privat Versicherter erhältst du vom Arzt eine Rechnung, die du zunächst selbst bezahlen und dann bei deiner Versicherung zur Erstattung einreichen musst. Dies erfordert eine gewisse Liquidität und administrativen Aufwand. Manche PKV-Anbieter bieten mittlerweile digitale Lösungen, die diesen Prozess vereinfachen, aber das Prinzip bleibt dasselbe.

Die Berufsunfähigkeitsversicherung – Schutz für deine Arbeitskraft

Jetzt wird's ernst: Stell dir vor, du kannst von heute auf morgen deinen Beruf nicht mehr ausüben – durch einen Unfall, eine Krankheit oder psychische Probleme. Klingt erst mal weit weg, aber etwa jeder vierte Arbeitnehmer wird während seines Berufslebens berufsunfähig. Besonders tückisch: Oft sind es nicht die offensichtlichen Unfälle, sondern schleichende Prozesse wie Rückenprobleme oder psychische Erkrankungen.

Berufsunfähigkeit bedeutet dabei, dass du deinen aktuellen Beruf zu mindestens 50 Prozent nicht mehr ausüben kannst. Die gesetzliche Erwerbsminderungsrente, also die Arbeitskraftabsicherung der Deutschen Rentenversicherung, reicht in der Regel nicht aus, um deinen Lebensstandard zu halten. Hier kommt die Berufsunfähigkeitsversicherung (BU) ins Spiel. Eine BU zahlt dir eine monatliche Rente, wenn du deinen Beruf nicht mehr ausüben kannst. Die Höhe der Rente legst du beim Abschluss fest – sie sollte mindestens 75 Prozent deines Nettoeinkommens betragen. Der große Vorteil: Die BU leistet bereits, wenn du in deinem derzeitigen Beruf nicht mehr arbeiten kannst – egal ob du theoretisch noch einen anderen Job machen könntest.

Gerade für junge Menschen ist der Abschluss einer BU besonders wichtig. Zum einen sind die Beiträge deutlich günstiger, wenn du jung und gesund einsteigst. Zum anderen hast du noch ein langes Arbeitsleben vor dir, das abgesichert werden sollte. Als 25-jähriger Büroangestellter zahlst du für eine BU mit 1.000 Euro monatlicher Rente etwa 50 bis 70 Euro im Monat. Das klingt nach viel, ist aber eine sinnvolle Investition in deine finanzielle Sicherheit.

Beim Abschluss einer BU gibt es einige wichtige Klauseln, auf die du achten solltest. Besonders wichtig ist der „Verzicht auf abstrakte Verweisung". Das bedeutet, dass die Versicherung dich nicht auf einen anderen Beruf verweisen darf, auch wenn du diesen theoretisch noch ausüben könntest. Ein Beispiel: Ein Chirurg mit zitternden Händen kann nicht mehr operieren. Ohne diese Klausel könnte die Versicherung sagen: „Aber Sie können ja noch als Amtsarzt arbeiten."

Eine weitere wichtige Option sind Nachversicherungsgarantien. Sie erlauben dir, die versicherte Rente ohne erneute Gesundheitsprüfung zu erhöhen – etwa wenn du heiratest, Kinder bekommst oder mehr verdienst. Das ist wertvoll, weil sich dein Absicherungsbedarf im Laufe des Lebens meist erhöht.

Auch bei der BU gilt: Die beste Versicherung ist die, die im Ernstfall auch zahlt. Achte deshalb besonders auf:

- » ehrliche und vollständige Angaben zu deiner Gesundheit bei Vertragsabschluss
- » eine ausreichend hohe monatliche Rente
- » möglichst wenige Ausschlüsse und Einschränkungen im Vertrag

Ein wichtiger Hinweis zum Schluss: Die Auswahl der richtigen BU ist komplex. Lass dich am besten von einem unabhängigen Versicherungsberater unterstützen. Die Kosten dafür sind gut investiert, wenn du dafür einen passenden und bezahlbaren Schutz bekommst. Weitere Details zu Versicherungsvergleichen und der Suche nach einem guten Berater findest du auf timo-finanztipp.de.

Diese drei Versicherungen – Haftpflicht-, Kranken- und Berufsunfähigkeitsversicherung – bilden das Fundament deiner persönlichen Absicherung. Sie schützen dich vor den größten finanziellen Risiken in deinem Leben. Klar, Versicherungen kosten Geld. Aber sieh es als Investment in deine Zukunft an – denn ohne diesen Schutz könnte ein einziges unglückliches Ereignis deine gesamte finanzielle Planung über den Haufen werfen.

10
WEITERE WICHTIGE VERSICHERUNGEN – DEIN ERWEITERTER SCHUTZ

Wie schön, dass du bei diesem vermeintlich trockenen Thema noch dabei bist! Nachdem wir die absoluten Must-have-Versicherungen kennengelernt haben, schauen wir uns jetzt weitere Versicherungen an, die je nach Lebenssituation wichtig werden können. Keine Sorge, ich führe dich Schritt für Schritt durch den Versicherungsdschungel!

Die private Unfallversicherung – mehr als nur ein Luxus

„Unfälle passieren den anderen" – diesen Satz hört man oft. Aber die Statistik spricht eine andere Sprache. Die meisten Unfälle passieren übrigens nicht etwa beim Autofahren, sondern eher in der Freizeit und im Haushalt. Ob beim Sport, beim Heimwerken oder einfach nur beim Treppensteigen – schnell ist es passiert. Die gesetzliche Unfallversicherung greift dabei nur bei Arbeitsunfällen, auf dem direkten Weg zur Arbeit und in der Schule oder Uni. Alles andere – und das sind die Mehrheit aller Unfälle – fällt unter Freizeit. Und genau hier kommt die private Unfallversicherung ins Spiel.

Ein Beispiel: Du bist begeisterter Skateboarder. Bei einem besonders gewagten Trick stürzt du unglücklich und brichst dir nicht nur den Arm, sondern verletzt dir auch dauerhaft die Schulter. Die Behandlungskosten übernimmt zwar die Krankenkasse, aber was ist mit den Folgekosten? Vielleicht brauchst du Unterstützung im Alltag, musst deine Wohnung umbauen oder kannst bestimmte berufliche Tätigkeiten nicht mehr ausüben.

Die private Unfallversicherung leistet dabei auf verschiedene Arten. Die Invaliditätsleistung ist die wichtigste Leistung. Sie wird fällig, wenn durch den Unfall eine dauerhafte körperliche oder geistige Beeinträchtigung bleibt. Die Höhe der Leistung richtet sich nach dem Grad der Invalidität. Mit einer Progression kannst du die Leistung bei schweren Unfällen vervielfachen. Bei 350 Prozent Progression würdest du beispielsweise bei einer 100%-igen Invalidität die 3,5-fache Versicherungssumme erhalten.

Das Tagegeld ist wie ein Einkommensersatz. Du bekommst einen vereinbarten Betrag pro Tag, an dem du unfallbedingt nicht arbeiten kannst. Das überbrückt die Zeit, bis andere Leistungen greifen. Die Übergangsleistung ist eine Einmalzahlung, wenn du noch Monate nach dem Unfall beeinträchtigt bist. Sie hilft dir, die Zeit zu überbrücken, bis klar ist, ob dauerhafte Schäden bleiben.

Die Kosten für eine private Unfallversicherung hängen von verschiedenen Faktoren ab. Ein junger Büroangestellter zahlt deutlich weniger als ein Dachdecker. Auch deine Hobbys spielen eine Rolle – wer Extremsport betreibt, muss mit höheren Prämien rechnen. Für einen grundsoliden Schutz solltest du mit etwa 100 bis 200 Euro pro Jahr rechnen.

Die Hausratversicherung – Schutz für dein Hab und Gut

Jetzt kommt eine Versicherung ins Spiel, die besonders wichtig wird, wenn du deine erste eigene Wohnung beziehst: die Hausratversicherung. Stell dir vor, du kommst nach Hause und deine Wohnung steht unter Wasser, weil die Waschmaschine ausgelaufen ist. Oder noch schlimmer: Du warst im Urlaub und Einbrecher haben deine Wohnung leergeräumt. Die Hausratversicherung schützt praktisch alles, was bei einem Umzug in einen Karton passen würde. Das bedeutet: Möbel, Kleidung, Elektrogeräte, Bücher, Sportausrüstung – einfach alles, was zu deinem persönlichen Besitz gehört. Dabei greift sie bei den häufigsten Schadensfällen:

- » Bei Feuer ist der Schutz eindeutig. Ob ein defekter Akku deines E-Bikes einen Brand verursacht oder der Nachbar versehentlich einen Wohnungsbrand auslöst – die Hausratversicherung ersetzt den Schaden.

- Leitungswasser klingt harmlos, kann aber richtig teuer werden. Eine geplatzte Wasserleitung oder eine überlaufende Badewanne können in kurzer Zeit enormen Schaden anrichten. Dein Gaming-PC, deine Designermöbel oder deine Musikanlage – alles im Eimer.
- Bei Einbruchdiebstahl werden nicht nur die gestohlenen Sachen ersetzt. Auch die Schäden, die die Einbrecher hinterlassen haben – aufgebrochene Türen, beschädigte Fenster oder verwüstete Räume –, werden von der Versicherung übernommen.
- Sturmschäden sind ebenfalls abgedeckt. Wenn ein Unwetter dein Dachfenster eindrückt und der Regen deine Einrichtung ruiniert, springt die Hausratversicherung ein.

Aber wer braucht wirklich eine Hausratversicherung? Die Antwort hängt von deiner persönlichen Situation ab. Wenn du noch bei deinen Eltern wohnst oder in einem möblierten WG-Zimmer lebst, ist dein Bedarf vielleicht noch nicht so groß. Sobald du aber eine eigene Wohnung einrichtest und wertvolle Gegenstände besitzt, wird die Hausratversicherung wichtig. Die Versicherungssumme sollte dabei dem tatsächlichen Wert deines Hausrats entsprechen. Eine Faustregel: Pro Quadratmeter Wohnfläche rechnet man mit etwa 650 bis 750 Euro. Bei einer 50-Quadratmeter-Wohnung wären das also mindestens 32.500 Euro. Unterschätze den Wert deines Besitzes nicht! Mach am besten eine Liste oder geh mit dem Handy durch die Wohnung und filme alles – das hilft nicht nur bei der Wertermittlung, sondern auch bei der Schadensregulierung.

Die Kfz-Versicherung – Pflicht und Kür für dein Auto

Du hast deinen Führerschein gemacht und dein erstes eigenes Auto gekauft? Herzlichen Glückwunsch! Aber bevor du losfahren kannst, brauchst du eine Kfz-Versicherung. Die Kfz-Haftpflichtversicherung ist dabei gesetzlich vorgeschrieben – und das aus gutem Grund. Ein Unfall kann schnell Schäden in Höhe von mehreren Zehntausend oder sogar Millionen Euro verursachen. Die Kfz-Haftpflicht ist sozusagen die Basis. Sie deckt Schäden ab, die du anderen mit deinem Auto zufügst. Wichtig: Dein eigenes Auto ist dabei nicht versichert! Dafür gibt es die Kaskoversicherungen.

Die Teilkasko springt bei bestimmten Schäden an deinem eigenen Auto ein:

» Diebstahl des Fahrzeugs
» Glasbruch (zum Beispiel durch einen Steinschlag)
» Brand oder Explosion
» Schäden durch Sturm, Hagel oder Blitzschlag
» Zusammenstöße mit bestimmten Tieren (meist nur Haarwild)

Die Vollkasko geht noch einen Schritt weiter. Sie deckt zusätzlich:

» selbst verschuldete Unfälle
» Vandalismus
» Unfallflucht durch andere
» praktisch alle Schäden an deinem eigenen Auto

Die Höhe deiner Versicherungsprämie hängt von vielen Faktoren ab. Der wichtigste ist die Schadenfreiheitsklasse (SF-Klasse). Je länger du unfallfrei fährst, desto mehr Rabatt bekommst du. Als Fahranfänger startest du meist in der teuersten Klasse und kannst dich dann Jahr für Jahr hocharbeiten. Ein Tipp: Manchmal kannst du die SF-Klasse deiner Eltern oder anderer naher Verwandter übernehmen. Frag einfach bei der Versicherung nach.

Weitere wichtige Einflussfaktoren sind:

» dein Auto: PS-Zahl, Alter und Typ des Fahrzeugs
» dein Wohnort: In Großstädten zahlst du meist mehr als auf dem Land

» dein Alter und wie lange du den Führerschein hast
» wer das Auto noch fährt (zum Beispiel nur du oder auch deine Eltern)
» wo das Auto parkt (Straße, Carport oder Garage)
» deine jährliche Fahrleistung

Ein Beispiel: Ein 20-jähriger Fahranfänger zahlt für einen gebrauchten VW Golf, den er in der Stadt auf Dauer am Straßenrand parkt, vielleicht 700 Euro im Jahr für die Haftpflicht. Der gleiche Fahrer könnte mit einem älteren Kleinwagen, der in einer Garage steht, möglicherweise nur 400 Euro zahlen.

Besonders wichtig für junge Fahrer sind die Regionalklassen. Deutschland ist in verschiedene Zonen eingeteilt, je nachdem wie hoch das Unfallrisiko dort ist. In Großstädten wie Berlin oder Hamburg zahlst du oft deutlich mehr als in ländlichen Gebieten. Die Typklasse deines Autos spielt ebenfalls eine große Rolle. Sie berücksichtigt, wie schadensträchtig ein Fahrzeugmodell ist und wie teuer die Reparaturen werden. Ein sparsamer Kleinwagen lässt sich meist günstiger versichern als ein PS-starker Sportwagen.

Ein Spartipp zum Schluss: Vergleiche die Angebote verschiedener Versicherungen! In der Regel laufen Kfz-Versicherungen bis zum Jahresende. Mit einer Frist bis meist 30. November kannst du diese kündigen. Die Unterschiede können mehrere Hundert Euro pro Jahr ausmachen. Achte aber nicht nur auf den Preis, sondern auch auf die Leistungen und den Service im Schadensfall. Eine günstige Versicherung, die im Ernstfall nicht zahlt, ist keine gute Wahl. Achte außerdem darauf, dass das Versicherungsende des alten Vertrags und der Beginn des neuen Vertrags nahtlos ineinander übergehen. Ansonsten droht Ärger mit der Zulassungsstelle. Weitere hilfreiche Informationen und Vergleichsrechner findest du auf timo-finanztipp.de.

11
VERSICHERUNGEN RICHTIG AUSWÄHLEN

Stell dir vor, du packst deinen Rucksack für eine Wanderung. Du nimmst nicht alles mit, was in deinem Kleiderschrank liegt, sondern überlegst dir genau, was du wirklich brauchst. Genauso ist es mit Versicherungen. Es geht nicht darum, möglichst viele abzuschließen, sondern die richtigen für deine persönliche Situation zu finden.

Deine Lebenssituation bestimmt dabei maßgeblich deinen Versicherungsbedarf. Ein Beispiel: Als Student, der noch bei seinen Eltern wohnt, brauchst du vielleicht nur eine Haftpflichtversicherung und bist über deine Eltern krankenversichert. Sobald du aber in deine erste eigene Wohnung ziehst, wird eine Hausratversicherung wichtig. Und mit dem ersten festen Job solltest du über eine Berufsunfähigkeitsversicherung nachdenken. Um deinen persönlichen Bedarf zu ermitteln, stelle dir diese Fragen: Welche Risiken könnten mich finanziell ruinieren? Was kann ich zur Not auch selbst bezahlen? Welche Versicherungen habe ich bereits (auch über Familie/Arbeitgeber)? Wie viel Geld kann und will ich monatlich für Versicherungen ausgeben?

Vergleichen und verstehen – der Weg zur besten Versicherung

Das Vergleichen von Versicherungsangeboten ist wie eine Schnitzeljagd: Du musst die richtigen Hinweise finden und deuten. Vergleichsportale im Internet sind dabei oft der erste Anlaufpunkt. Sie bieten einen schnellen Überblick über verschiedene Anbieter und Preise. Aber

Vorsicht: Nicht alle Versicherungen und Tarife tauchen in diesen Portalen auf. Außerdem zeigen die Vergleiche meist nur den Preis und die wichtigsten Leistungen – Details, die im Ernstfall entscheidend sein können, findest du dort nicht.

Was viele nicht wissen: Das Kleingedruckte enthält oft entscheidende Informationen. Hier erfährst du, was wirklich versichert ist und was nicht. Besonders wichtig sind die Ausschlüsse – also Situationen, in denen die Versicherung nicht zahlt. Bei einer Unfallversicherung könnten das zum Beispiel Unfälle unter Alkoholeinfluss sein. Auch die Obliegenheiten, also deine Pflichten als Versicherungsnehmer, solltest du genau kennen.

Clever sparen – wie du das Beste aus deinem Geld herausholst

Eine höhere Selbstbeteiligung kann deine Versicherungsprämie deutlich senken. Statt bei jedem kleinen Schaden die Versicherung einzuschalten, trägst du einen Teil selbst. Das lohnt sich besonders, wenn du ein finanzielles Polster hast. Ein Beispiel: Bei der Hausratversicherung zahlst du ohne Selbstbeteiligung vielleicht 100 Euro im Jahr. Mit 150 Euro Selbstbeteiligung sind es nur noch 70 Euro.

Die Bündelung von Versicherungen bei einem Anbieter kann ebenfalls Geld sparen. Viele Versicherungen bieten Rabatte von 10 bis 20 Prozent, wenn du mehrere Verträge bei ihnen abschließt. Aber Vorsicht: Vergleiche trotzdem die Gesamtkosten mit Einzelverträgen bei verschiedenen Anbietern. Manchmal sind zwei günstige Einzelverträge besser als ein teures Paket.

Auch das Timing spielt eine wichtige Rolle. Viele Versicherungen haben Aktionsangebote zu bestimmten Jahreszeiten. Die Hausratversicherung ist oft im Frühjahr günstiger, die Kfz-Versicherung bietet häufig zum Herbst die besten Konditionen. Achte auch auf Berufsgruppen-Tarife – als Lehrer, Beamter oder auch schon während des Studiums kannst du von speziellen Konditionen profitieren.

Ein regelmäßiger Check deiner Versicherungen ist wie ein finanzieller Gesundheits-Check. Zumindest einmal im Jahr solltest du prüfen: Passen die Verträge noch zu meiner Lebenssituation? Stimmen die Versicherungssummen noch? Gibt es günstigere Angebote am Markt? Diese Überprüfung kostet zwar Zeit, kann aber viel Geld sparen.

Dokumentation und Durchblick – dein persönlicher Versicherungsordner

Bei deinen Versicherungen den Überblick zu behalten ist von zentraler Bedeutung. Lege dir einen digitalen und/oder analogen Ordner an, in dem du alle wichtigen Unterlagen sammelst. Das schließt Versicherungspolicen, Änderungen, Schadensmeldungen und wichtige Korrespondenz ein. Eine gute Organisation spart im Ernstfall wertvolle Zeit und Nerven. Besonders wichtig ist es, die Vertragslaufzeiten und Kündigungsfristen im Blick zu haben. Die meisten Versicherungen verlängern sich automatisch um ein Jahr, wenn du nicht rechtzeitig kündigst. Trage dir die Kündigungsfristen in deinen Kalender ein – oft musst du drei Monate vor Vertragsende kündigen. Diese Fristen findest du in deinen Versicherungsbedingungen oder der Police.

Die digitale Revolution macht auch vor Versicherungen nicht halt. Viele Anbieter bieten mittlerweile Apps und Onlineportale an, in denen du deine Verträge verwalten kannst. Das macht vieles einfacher: Du kannst Schäden online melden, Änderungen beantragen oder Dokumente hochladen. Aber auch hier gilt: Digital ist nicht automatisch besser. Wichtige Unterlagen solltest du immer auch offline aufbewahren.

Beratung nutzen – wann sie sich lohnt und worauf du achten solltest

Gerade bei komplexeren Versicherungen wie der Berufsunfähigkeitsversicherung kann sich eine gute Beratung auszahlen. Ein unabhängiger Versicherungsmakler kennt in der Regel die diversen Fallstricke, was dir hilft, teure Fehler zu vermeiden. Aber wie findest du einen guten Berater? Achte darauf, dass er unabhängig ist und nicht nur die Produkte bestimmter Versicherungen verkauft. Manch Allianz-, ERGO- oder DVAG-Berater mag zwar fachlich fit sein, jedoch nützt all seine Expertise nichts, wenn er dir von jeder Produktart jeweils immer nur eine Produktvariante anbieten kann. Ein guter Berater stellt viele Fragen zu deiner persönlichen Situation, erklärt dir verständlich die Vor- und Nachteile verschiedener Optionen und kann dir den preiswertesten Vertrag anbieten, der exakt zu deinen Bedürfnissen passt. Du solltest dabei immer im Hinterkopf behalten, dass du niemals verpflichtet bist, alles von deinem Berater unterschreiben zu müssen. Wenn du dich bei der Beratung unwohl fühlst oder du mit den Produkten oder deren Preis nicht zufrieden bist, brich das Gespräch ab. Es geht schließlich um dich und deine Finanzen.

Dabei ist wichtig, die Unterschiede zwischen verschiedenen Beratungsformen zu verstehen. Ein Versicherungsvertreter arbeitet für eine bestimmte Versicherungsgesellschaft und kann dir nur deren eigene Produkte anbieten. Ein Mehrfachagent arbeitet mit mehreren Versicherungen zusammen, ist aber auch nicht völlig unabhängig. Ein unabhängiger Versicherungsmakler hingegen kann dir Produkte von allen Versicherungen anbieten und ist rechtlich verpflichtet, in deinem Interesse zu handeln.

Der richtige Mix – deine persönliche Versicherungsstrategie

Letztendlich geht es darum, die für dich richtige Balance zu finden. Unterversicherung kann im Ernstfall teuer werden, Überversicherung kostet unnötig Geld. Eine gute Strategie ist es, mit den wichtigsten Versicherungen zu beginnen und den Schutz dann Schritt für Schritt auszubauen, wenn sich deine Lebenssituation ändert oder du mehr finanziellen Spielraum hast. Denk auch daran, dass sich dein Versicherungsbedarf im Laufe des Lebens verändert. Was heute wichtig ist, kann morgen überflüssig sein – und umgekehrt. Wenn du zum Beispiel eine Familie gründest, wird eine Risikolebensversicherung wichtig. Ziehst du in eine eigene Wohnung, brauchst du eine Hausratversicherung. Bleib also flexibel und überprüfe regelmäßig, ob dein Versicherungsschutz noch zu dir passt.

Ein letzter wichtiger Punkt ist die Verhältnismäßigkeit. Nicht jedes Risiko muss versichert werden. Kleine Schäden, die du aus eigener Tasche bezahlen kannst, müssen nicht unbedingt versichert sein. Konzentriere dich auf die Absicherung existenzbedrohender Risiken. Das spart Geld bei den Beiträgen und vereinfacht die Verwaltung deiner Versicherungen.

Bedenke auch: Ein guter Versicherungsschutz ist wichtig, aber er sollte nicht dein gesamtes Budget auffressen. Als Faustregel sollten Versicherungen nicht mehr als 10 bis 15 Prozent deines monatlichen Nettoeinkommens ausmachen. Natürlich kann es Situationen geben, in denen es mehr ist – etwa wenn du als Berufsanfänger eine Berufsunfähigkeitsversicherung abschließt. Aber generell solltest du diese Größenordnung im Auge behalten. Der Weg zu einem optimalen Versicherungsschutz mag manchmal kompliziert erscheinen, aber mit dem richtigen Wissen und einer systematischen Herangehensweise findest du die für dich passenden Lösungen. Nimm dir die Zeit, dich mit dem Thema auseinanderzusetzen – es ist eine Investition in deine finanzielle Sicherheit, die sich langfristig auszahlt.

Teil 5

ALTERSVORSORGE

12
DIE BEDEUTUNG DER ALTERSVORSORGE – EIN BLICK IN DEINE ZUKUNFT

Rente? Das ist doch nur etwas für alte Leute!" Ja, diesen Satz höre ich oft, wenn ich mit Freunden oder anderen, die unter 30 sind, über das Thema Altersvorsorge spreche. Aber lass uns mal einen anderen Blick darauf werfen: Altersvorsorge ist nichts anderes als die Planung deiner finanziellen Freiheit. Es sollte sich alles darum drehen, dass du später selbst entscheiden kannst, wie und wann du in den Ruhestand gehst.

Wenn wir über Altersvorsorge sprechen, müssen wir uns zuerst eine wichtige Entwicklung anschauen: den demografischen Wandel. Bildlich sieht die Altersverteilung unserer Gesellschaft wie eine Pyramide aus. Früher war die Basis breit – viele junge Menschen – und die Spitze schmal – weniger ältere Menschen. Heute sieht diese Pyramide eher wie ein Dönerspieß aus: oben breit, unten schmal. Das liegt an zwei Entwicklungen: Wir bekommen weniger Kinder und werden gleichzeitig immer älter.

Abb. 8: Demografischer Wandel in Deutschland

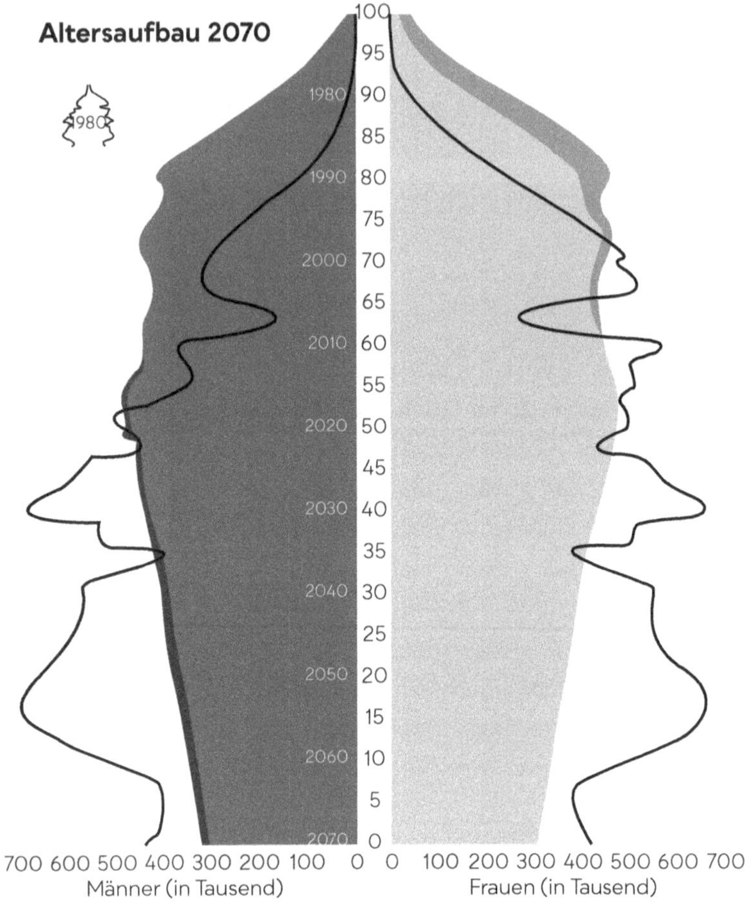

Die schwarze Linie spiegelt die Bevölkerungsverteilung 1980 wider. Im Vergleich zur heutigen Dönerspieß-Verteilung ähnelt diese eher einer Pyramide. Sprich: Es gab deutlich mehr junge Menschen als alte.

Quelle: Statistisches Bundesamt

Um zu verstehen, warum das nun ein Problem ist, müssen wir einen Blick auf die Funktionsweise werfen. Unser Rentensystem basiert auf dem Umlageverfahren – die heutigen Arbeitnehmer finanzieren die Renten der heutigen Rentner. Das funktioniert aber nur gut, wenn es genügend Arbeitnehmer gibt. Das Problem: Die geburtenstarken Jahrgänge der „Babyboomer" gehen jetzt nach und nach in Rente. Das sind die Menschen, die zwischen 1955 und 1969 geboren wurden. Gleichzeitig rücken viel weniger junge Menschen nach. Ein Beispiel macht das greifbar: In einer typischen Firma gehen in den nächsten Jahren vielleicht fünf erfahrene Mitarbeiter in Rente, aber es kommen nur zwei oder drei junge Kollegen nach. Das gleiche Prinzip gilt für unser gesamtes Rentensystem. Immer weniger Einzahler müssen für immer mehr Rentner aufkommen.

Die Auswirkungen spüren wir schon heute. Das Rentenniveau – also das Verhältnis zwischen Rente und durchschnittlichem Arbeitseinkommen – sinkt kontinuierlich. Während die Generation unserer Großeltern noch mit einer Rente von etwa 70 Prozent ihres letzten Gehalts rechnen konnte, werden es für unsere Generation vermutlich nur noch 43 Prozent sein. Das bedeutet: Wenn du heute 3.000 Euro brutto verdienst, würdest du später nur etwa 1.260 Euro Rente bekommen – und das vor Abzug von Steuern und Krankenversicherung!

Abb. 9: Entwicklung des Rentenniveaus in Deutschland

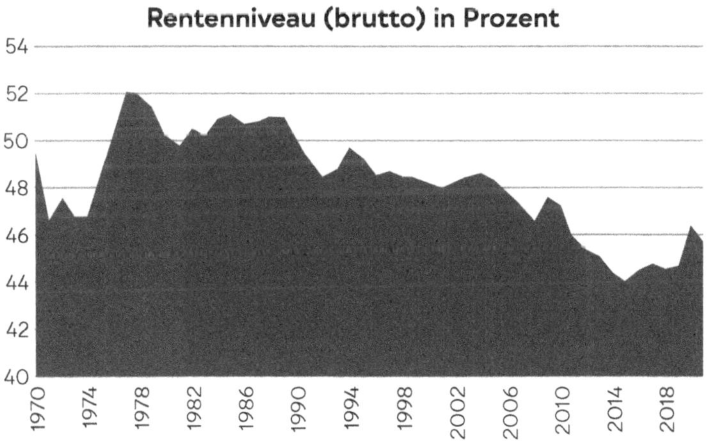

Das Rentenniveau bröckelt stetig immer weiter. Eine Trendwende ist nicht in Sicht.

Quelle: Deutsche Rentenversicherung

Gleichzeitig steigt das Renteneintrittsalter. Aktuell liegt es bei 67 Jahren, aber Experten gehen davon aus, dass es für die jüngere Generation noch weiter steigen wird. Das liegt daran, dass wir im Schnitt immer älter werden. Die durchschnittliche Lebenserwartung steigt pro Jahrzehnt um etwa 2,5 Jahre. Für einen heute 20-Jährigen stehen die Chancen gut, über 90 Jahre alt zu werden. Das ist erst mal eine gute Nachricht – bedeutet aber auch, dass die Rente für einen viel längeren Zeitraum reichen muss. Aber auch die Art, wie wir das Alter verbringen, hat sich geändert. Frühere Generationen waren im Ruhestand oft weniger aktiv. Heute wollen viele Menschen auch im Alter reisen, ihren Hobbys nachgehen oder sogar ein kleines Unternehmen gründen. Das bedeutet: Der finanzielle Bedarf im Alter könnte sogar höher sein als während des Berufslebens. Die Digitalisierung spielt ebenfalls eine wichtige Rolle bei der Altersvorsorge.

Die gesetzliche Rentenversicherung steht damit vor gewaltigen Herausforderungen. Prognosen zeigen, dass der Beitragssatz zur Rentenversicherung von heute 18,6 bis 2045 auf etwa 22 Prozent steigen könnte. Das bedeutet: Wir werden mehr einzahlen müssen und bekommen trotzdem weniger raus.

Aber es gibt auch positive Entwicklungen. Noch nie hatten junge Menschen so viele Möglichkeiten, selbst für ihr Alter vorzusorgen. Die Digitalisierung macht es einfacher denn je, in verschiedene Anlageformen zu investieren. Und die Informationen darüber, wie man am besten vorsorgt, sind heute viel zugänglicher als früher. Auch der Staat versucht dieser Entwicklung unter die Arme zu greifen, indem er private Altersvorsorge unterstützt. Es gibt verschiedene Fördermöglichkeiten und steuerliche Vorteile, die du nutzen kannst. Welche das genau sind und wie du sie am besten für dich nutzt, schauen wir uns in den nächsten Kapiteln genauer an.

Ein weiterer wichtiger Punkt ist die veränderte Arbeitswelt. Früher war es normal, sein ganzes Berufsleben bei einem Arbeitgeber zu verbringen. Heute ist das eher die Ausnahme. Projektarbeit, Selbstständigkeit, internationale Karrieren – all das macht die Altersvorsorge komplexer, bietet aber auch neue Chancen. Du kannst zum Beispiel verschiedene Vorsorgeformen kombinieren und so ein stabiles Fundament für deine finanzielle Zukunft bauen.

Lass uns in diesem Zusammenhang auch über die psychologische Seite sprechen. Viele junge Menschen verdrängen das Thema Altersvorsorge, weil es ihnen zu komplex erscheint oder weil das Alter für sie noch weit weg ist – ein gefährlicher Fehler. Je früher du dich mit diesem Thema beschäftigst, desto entspannter kannst du später leben. Es geht dabei nicht darum, jetzt schon riesige Summen zurückzulegen, sondern einen Plan zu entwickeln. Die Rentenlücke ist dabei ein zentraler Begriff. Das ist die Differenz zwischen dem, was du später zum Leben brauchst, und dem, was du aus der gesetzlichen Rente bekommst. Um diese Lücke zu berechnen, musst du zwei Fragen beantworten:

1. Wie viel Geld wirst du im Alter voraussichtlich zum Leben brauchen?
2. Wie hoch wird deine gesetzliche Rente sein?

Abb. 10: Rentenlücke

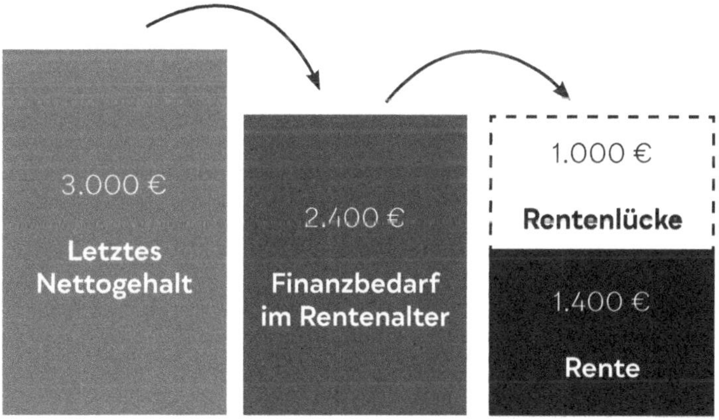

So könnte eine beispielhafte Darstellung der Rentenlücke aussehen. Ohne zusätzliche Altersversorge klafft eine massive Lücke zwischen dem letzten Verdienst und der Rente.

Eine Faustregel besagt, dass du etwa 80 Prozent deines letzten Nettoeinkommens brauchst, um deinen Lebensstandard im Alter zu halten. Das liegt daran, dass einige Kosten wegfallen, wie zum Beispiel für Fahrten zur Arbeit, andere aber möglicherweise steigen, etwa für Gesundheit und Pflege. Dabei gibt es zudem große Unterschiede zwischen verschiedenen Berufsgruppen. Besonders betroffen sind Selbstständige, Teilzeitbeschäftigte, Menschen mit unterbrochener Erwerbsbiografie sowie Geringverdiener. Ein besonderes Augenmerk sollten auch Frauen auf ihre Altersvorsorge legen. Durch Elternzeit, Teilzeitarbeit und im Durchschnitt niedrigere Gehälter haben sie oft deutlich geringere Rentenansprüche als Männer. Die sogenannte „Gender Pension Gap" – also der Unterschied zwischen den durchschnittlichen Renten von Männern und Frauen – liegt in Deutschland bei etwa 46 Prozent.

Die Botschaft ist klar: Die Wahrscheinlichkeit ist recht hoch, dass die gesetzliche Rente nur noch als eine Art Grundsicherung dienen wird. Wer im Alter gut leben möchte, muss zusätzlich vorsorgen. Das klingt erst mal nach einer Herausforderung, ist aber auch eine Chance. Denn du hast es selbst in der Hand, wie deine finanzielle Situation im Alter aussieht. In den nächsten Kapiteln zeige ich dir konkret, welche Möglichkeiten du zur zusätzlichen Altersvorsorge hast. Wir schauen uns an, wie du staatliche Förderungen optimal nutzt und welche Anlagestrategien für dich am besten geeignet sind. Außerdem erfährst du, wie du einen persönlichen Vorsorgeplan entwickelst. Denk immer daran: Je früher du damit anfängst, desto mehr Optionen hast du später. Es geht dabei nicht nur um Geld, sondern um etwas viel Wichtigeres: deine Freiheit, im Alter so zu leben, wie du es dir wünschst. Weitere praktische Tools zur Berechnung deiner persönlichen Rentenlücke und Vorsorgestrategie findest du übrigens auf timo-finanztipp.de. Dort kannst du auch verschiedene Szenarien durchspielen und sehen, wie sich unterschiedliche Vorsorgestrategien langfristig auswirken.

Zu guter Letzt noch ein wichtiger Punkt: Die Altersvorsorge sollte nicht als isoliertes Thema betrachtet werden. Sie ist Teil deiner gesamten finanziellen Planung. Dabei spielen verschiedene Faktoren eine Rolle:

» deine berufliche Entwicklung
» deine familiäre Situation
» deine persönlichen Ziele und Wünsche
» deine Risikobereitschaft
» deine gesundheitliche Situation

All diese Aspekte solltest du bei deiner Vorsorgeplanung berücksichtigen. Und denk daran: Ein Plan ist nie in Stein gemeißelt. Du solltest deine Altersvorsorge regelmäßig überprüfen und an veränderte Lebensumstände anpassen. In den nächsten Kapiteln werden wir uns die verschiedenen Möglichkeiten der Altersvorsorge im Detail anschauen. Du wirst lernen, wie du die verschiedenen Bausteine optimal kombinierst und welche Strategie am besten zu dir passt. Dabei werden wir auch konkrete Beispiele und Berechnungen durchgehen, damit du ein Gefühl dafür bekommst, wie sich verschiedene Entscheidungen langfristig auswirken.

13
GRUNDLAGEN DES INVESTIERENS – DEIN WEG ZUM ERFOLGREICHEN VERMÖGENSAUFBAU

Nachdem wir uns mit der Bedeutung der Altersvorsorge beschäftigt haben, tauchen wir nun tief in die Welt des Investierens ein. Denn eines ist klar: Ohne eine kluge Anlagestrategie wird es schwer, die vorher besprochene Rentenlücke zu schließen. Die gute Nachricht: Du musst kein Wirtschaftsgenie sein, um erfolgreich zu investieren. Der wichtigste Schritt ist zunächst, dein persönliches Anlageziel klar zu definieren. Stell dir vor, du malst ein Bild. Bevor du den ersten Pinselstrich setzt, musst du wissen, was du malen willst. Genauso ist es beim Investieren. Konkret heißt das: Wofür legst du Geld zurück? Wie lange kannst du es anlegen? Und wie viel Risiko bist du bereit einzugehen?

Ein Beispiel macht klar, warum es so wichtig ist, sich diese Fragen im Vorhinein zu stellen: Sarah ist 22 und studiert Informatik. Sie hat durch einen Nebenjob 200 Euro im Monat übrig, die sie investieren möchte. Ihr Ziel ist klar: Sie will fürs Alter vorsorgen und in 40 Jahren finanziell unabhängig sein. Mit diesem langen Anlagehorizont kann sie mutiger investieren als jemand, der das Geld in fünf Jahren für eine Immobilie braucht.

Ein entscheidender Faktor beim Investieren ist dein Risikoprofil. Das klingt erst mal technisch, lässt sich aber gut an einem Beispiel erklären: Beim Skifahren nehmen manche Menschen nur sanfte Pisten, andere suchen den Nervenkitzel in steilen Abfahrten. Beides ist völlig okay

– Hauptsache, du kennst deine Grenzen und überschätzt dich nicht. Beim Investieren ist es ähnlich. Dein Risikoprofil setzt sich aus zwei Komponenten zusammen: deiner Risikotragfähigkeit und deiner Risikobereitschaft. Die Tragfähigkeit ist objektiv messbar: Wie stabil ist dein Einkommen? Wie hoch sind deine festen Ausgaben? Hast du Rücklagen für Notfälle? Die Risikobereitschaft hingegen ist subjektiv: Wie gut schläfst du nachts, wenn deine Investments im Minus sind? Das perfekte Beispiel dafür ist die Finanzkrise 2008. Viele Anleger haben damals in Panik verkauft, als die Kurse fielen – obwohl sie das Geld gar nicht brauchten. Sie konnten die Verluste emotional nicht aushalten. Andere blieben gelassen und kauften sogar nach. Rate mal, wer langfristig besser gefahren ist!

Ein absolut zentrales Konzept beim Investieren ist die Diversifikation. Nehmen wir an, du willst mit verbundenen Augen Pfeile auf eine Zielscheibe werfen. Wirfst du nur einen Pfeil, ist die Chance ziemlich groß, dass du komplett danebentriffst. Wirfst du 100 Pfeile, werden einige ihr Ziel finden. Beim Investieren funktioniert das genauso. Ein modernes Beispiel: Anna möchte 10.000 Euro in Aktien investieren. Sie könnte alles in Tesla stecken, weil sie an Elektroautos glaubt. Aber was ist, wenn ein Skandal das Unternehmen erschüttert? Oder wenn die Konkurrenz bessere Autos baut? Stattdessen investiert sie in einen globalen Aktienfonds, der über 1.500 Unternehmen enthält. Nun ist sie nicht nur bei Tesla dabei, sondern auch bei Apple, Microsoft, Nvidia und vielen anderen Firmen. Geht es einem Unternehmen schlecht, wird das durch die positive Entwicklung anderer ausgeglichen. Die Diversifikation sollte sich dabei nicht nur auf verschiedene Unternehmen erstrecken, sondern auch auf verschiedene:

» Branchen (nicht nur Technologie, sondern auch Gesundheit, Industrie und andere)
» Länder (nicht nur Deutschland, sondern auch weitere Länder oder weltweit)

» Anlageformen (nicht nur Aktien, sondern auch Anleihen, Immobilien und andere)

Ein faszinierender Aspekt des Investierens ist das Verständnis der Marktpsychologie. Finanzmärkte werden von Menschen gemacht und Menschen handeln oft emotional. Der bekannte Investor Warren Buffett hat das mal so ausgedrückt: „Sei ängstlich, wenn andere gierig sind, und gierig, wenn andere ängstlich sind." Ein Beispiel aus der jüngeren Vergangenheit: Während der Coronapandemie im März 2020 brachen die Aktienmärkte weltweit ein. Viele Anleger verkauften in Panik. Wer damals einen kühlen Kopf bewahrte und sogar nachkaufte, konnte sein Vermögen in den folgenden Monaten deutlich vermehren. Das zeigt: Manchmal ist die beste Investitionsstrategie, genau das Gegenteil von dem zu tun, was die breite Masse macht.

Die Psychologie spielt auch bei einem anderen wichtigen Konzept eine Rolle: dem Cost-Average-Effekt. Statt einer großen Einmalanlage investierst du regelmäßig kleinere Beträge. Das nimmt dir die schwierige Entscheidung ab, den „richtigen" Zeitpunkt für den Einstieg zu finden. In Kapitel 15 gehe ich noch einmal ausführlicher darauf ein.

Steuern, Kosten und Wirtschaft beeinflussen deine Investments

Ein weiterer entscheidender Faktor für den Investmenterfolg sind die Kosten. Jeder Euro, den du für Gebühren ausgibst, fehlt in deiner Rendite – und über lange Zeiträume summiert sich das gewaltig. Ein Beispiel: Du investierst 30 Jahre lang monatlich 200 Euro. Bei einer durchschnittlichen Rendite von sieben Prozent und Kosten von zwei Prozent pro Jahr hast du am Ende rund 164.000 Euro. Betragen die Kosten nur 0,5 Prozent, sind es 215.000 Euro – ein Unterschied von 51.000 Euro!

Beim Investieren musst du auch das Zusammenspiel verschiedener wirtschaftlicher Faktoren verstehen. Zinsen, Inflation, Wirtschaftswachstum – alles hängt miteinander zusammen. Wenn die Zentralbanken die Zinsen erhöhen, hat das Auswirkungen auf Aktien, Anleihen und Immobilien. Wenn die Inflation steigt, suchen Investoren nach Anlagen, die einen Inflationsschutz bieten. Nehmen wir die Inflation als Beispiel: Angenommen, sie liegt bei zwei Prozent pro Jahr. Das bedeutet, dein Geld verliert jedes Jahr zwei Prozent an Kaufkraft. Eine Investition, die fünf Prozent Rendite bringt, erwirtschaftet also real nur drei Prozent. Bei einer Inflation von sechs Prozent wäre die reale Rendite sogar negativ. Solche Zusammenhänge zu verstehen ist wichtig für deine Anlagestrategie.

Ein wichtiger Aspekt, den viele Anleger ebenfalls unterschätzen, ist der Einfluss von Steuern auf die Rendite. In Deutschland gilt für Kapitalerträge die Abgeltungsteuer von 25 Prozent plus Solidaritätszuschlag und gegebenenfalls Kirchensteuer. Das bedeutet: Von 1.000 Euro Gewinn bleiben dir nach Steuern etwa 735 Euro. Es gibt aber legale Möglichkeiten, die Steuerlast zu optimieren. Der Sparerpauschbetrag (2024: 1.000 Euro für Einzelpersonen) ist steuerfrei. Verluste können mit Gewinnen verrechnet werden. Und bei manchen Anlagen, wie zum Beispiel bestimmten Altersvorsorgeprodukten, gibt es besondere steuerliche Vorteile.

Um weiter deinen Erfolg zu optimieren, bietet sich des Weiteren das sogenannte Rebalancing deines Portfolios an. Stell dir vor, du hast beschlossen, 70 Prozent in Aktien und 30 Prozent in Anleihen zu investieren. Nach einem starken Börsenjahr machen Aktien plötzlich 80 Prozent deines Portfolios aus. Beim Rebalancing verkaufst du einen Teil der Aktien und kaufst Anleihen, bis die ursprüngliche Verteilung wieder hergestellt ist – so verhinderst du, dass dein Portfolio einseitig wird. Mehr dazu findest du in Kapitel 15.

Lass dir noch einen Tipp geben: Eine oft unterschätzte Komponente beim Investieren ist die Zeit, die du dafür aufwendest. Manche

Menschen verbringen Stunden damit, Wirtschaftsnachrichten zu lesen und Aktienkurse zu verfolgen. Das kann spannend sein, ist aber für den langfristigen Anlageerfolg oft nicht notwendig. Eine gut durchdachte passive Strategie kann mit minimalem Zeitaufwand sehr erfolgreich sein. Ein Beispiel: Max investiert jeden Monat automatisch in einen globalen ETF. Er überprüft sein Depot nur alle drei Monate und macht einmal im Jahr ein Rebalancing. Mit diesem Ansatz verbringt er vielleicht zwei Stunden pro Jahr mit seinen Investments – und fährt damit möglicherweise besser als jemand, der täglich mit Aktien handelt.

Das bringt uns zu einem wichtigen Punkt: der Unterschied zwischen Investieren und Spekulieren. Beim Investieren baust du systematisch und langfristig Vermögen auf. Du beteiligst dich an realen Unternehmen und profitierst von deren Wachstum und Gewinnen. Beim Spekulieren versuchst du, kurzfristige Kursschwankungen auszunutzen. Das kann im Einzelfall sehr profitabel sein, ist aber eher mit Glücksspiel vergleichbar. Ein aktuelles Beispiel sind Kryptowährungen. Viele Menschen haben in den letzten Jahren mit Bitcoin und Co viel Geld verdient – oder verloren. Das Problem: Der Wert dieser Assets basiert hauptsächlich auf Angebot und Nachfrage, nicht auf realen Wirtschaftsleistungen. Das macht sie extrem volatil und schwer berechenbar.

Mehr Details zu allen angesprochenen Themen, aktuelle Markteinschätzungen und praktische Tools findest du auf timo-finanztipp.de. Dort gibt es auch einen Renditerechner, mit dem du verschiedene Anlagestrategien durchspielen kannst.

Das Wichtigste zum Schluss: Es gibt nicht die eine perfekte Investmentstrategie für alle. Was für dich richtig ist, hängt von deinen persönlichen Zielen, deiner Risikobereitschaft und deiner Lebenssituation ab. Die Grundprinzipien, die wir in diesem Kapitel besprochen haben, helfen dir dabei, deine eigene Strategie zu entwickeln. In den nächsten Kapiteln schauen wir uns die verschiedenen Anlageklassen im Detail an und lernen, wie du sie optimal kombinierst.

14 ANLAGEINSTRUMENTE IM DETAIL – DIE BAUSTEINE FÜR DEIN VERMÖGEN

Nachdem wir die Grundlagen des Investierens kennengelernt haben, tauchen wir jetzt richtig tief ein. Ich zeige dir die verschiedenen Anlageinstrumente, die dir zur Verfügung stehen – sozusagen die Werkzeuge für deinen Vermögensaufbau. Keine Sorge, auch wenn das Thema erst mal komplex erscheint, werden wir dennoch jeden einzelnen Baustein genau unter die Lupe nehmen.

Aktien – werde Teilhaber erfolgreicher Unternehmen

Nehmen wir einmal an, dein Lieblingscafé sucht Investoren. Die Besitzer bieten dir an, einen Teil des Cafés zu kaufen. Dafür bekommst du nicht nur ein Mitspracherecht bei wichtigen Entscheidungen, sondern auch einen Anteil am Gewinn. Genau so funktioniert eine Aktie – nur eben bei großen Unternehmen wie Apple, Volkswagen oder Adidas.

Wenn du eine Aktie kaufst, wirst du Miteigentümer des Unternehmens. Das bringt dir zwei wichtige Rechte: Erstens darfst du bei der jährlichen Hauptversammlung mitbestimmen, wenn wichtige Entscheidungen getroffen werden. Das nennt sich Stimmrecht. Zweitens bekommst du einen Anteil am Gewinn, die sogenannte Dividende. Das ist wie eine regelmäßige Gewinnausschüttung an alle Aktionäre.

Der Aktienmarkt selbst funktioniert wie ein riesiger Marktplatz – die Börse. Hier treffen Käufer und Verkäufer aufeinander und handeln

Aktien. Der Preis einer Aktie wird dabei von Angebot und Nachfrage bestimmt. Das lässt sich leicht visualisieren. Präsentiert ein Unternehmen überraschend gute Geschäftszahlen, wollen viele Anleger die Aktie kaufen, wodurch der Preis steigt. Umgekehrt können schlechte Nachrichten den Kurs fallen lassen. Die Faktoren, die den Aktienkurs beeinflussen, sind vielfältig:

» Unternehmenserfolg: Wie profitabel ist das Unternehmen? Wächst es? Wie sehen die Zukunftsaussichten aus?
» Wirtschaftliche Rahmenbedingungen: Wie entwickeln sich Zinsen, Inflation und Wirtschaftswachstum?
» Branchentrends: Wie steht es um die gesamte Branche? Gibt es neue Technologien oder Regulierungen?
» Marktstimmung: Sind die Anleger optimistisch oder pessimistisch? Hier spielen auch Emotionen eine große Rolle.

Ein faszinierender Aspekt von Aktien ist ihr Renditepotenzial. Historisch gesehen haben Aktien langfristig die höchsten Renditen aller traditionellen Anlageklassen erzielt. Der deutsche Aktienindex DAX hat seit seiner Einführung 1988 eine durchschnittliche jährliche Rendite von etwa 8,5 Prozent erreicht – trotz mehrerer Krisen.

Abb. 11: DAX-Wertentwicklung seit 1996

Ich wurde im Jahr 1996 geboren. Hätten meine Eltern anlässlich meiner Geburt für mich 10.000 Euro als Einmalinvestment in einem DAX-ETF angelegt, hätte sich der Wert Ende 2024 auf knapp 90.000 Euro belaufen (vor Steuern und Kosten).

Aber Vorsicht: Hohe Renditen bedeuten auch höhere Risiken. Aktienkurse können stark schwanken und im schlimmsten Fall, wenn ein Unternehmen pleitegeht, kann dein Investment wertlos werden. Ein Beispiel aus der jüngeren Vergangenheit ist Wirecard. Der Zahlungsdienstleister galt als deutsches Vorzeigeunternehmen, bis 2020 ein gigantischer Betrug aufflog. Die Aktie wurde wertlos und viele Anleger verloren ihr gesamtes Investment. Deshalb ist es extrem wichtig, bei Aktien nie alles auf eine Karte zu setzen. Streue dein Risiko, indem du in verschiedene Unternehmen investierst. Das bringt uns zu einem der wichtigsten Anlageinstrumente für Privatanleger: ETFs.

ETFs – die Revolution für Privatanleger

ETF steht für „Exchange Traded Fund" und bedeutet übersetzt „börsengehandelter Fonds". Stell dir einen ETF wie einen Korb vor, der viele verschiedene Aktien enthält. Wenn du einen ETF-Anteil kaufst, investierst du automatisch in alle Unternehmen, die in diesem Korb sind.

Das Besondere an ETFs: Sie bilden oft einen bestimmten Index nach. Ein Index ist wie eine Messlatte für einen bestimmten Markt. Der DAX zum Beispiel enthält die 40 größten deutschen Unternehmen. Ein DAX-ETF kauft genau diese Aktien in der gleichen Gewichtung. Das nennt man „passives Management", weil kein Fondsmanager aktiv entscheidet, welche Aktien gekauft oder verkauft werden.

Die Vorteile von ETFs sind beeindruckend:

» **Geringe Kosten:** Weil kein teures Managementteam bezahlt werden muss, sind die Gebühren sehr niedrig. Während aktiv gemanagte Fonds oft 1,5 Prozent oder mehr pro Jahr kosten, gibt es ETFs, bei denen nur 0,1 bis 0,2 Prozent Kosten anfallen.

» **Breite Streuung:** Mit einem einzigen ETF kannst du in Hunderte oder sogar Tausende von Unternehmen investieren. Ein ETF auf den MSCI World zum Beispiel enthält über 1.500 Unternehmen aus verschiedenen Ländern und Branchen.

» **Transparenz:** Du weißt immer genau, was in deinem ETF steckt. Die Zusammensetzung muss immer aktuell veröffentlicht werden.

» **Flexibilität:** ETFs werden wie Aktien an der Börse gehandelt. Du kannst sie jederzeit kaufen und verkaufen, wenn die Börsen geöffnet haben.

Ein konkretes Beispiel: Lisa möchte mit 100 Euro monatlich in Aktien investieren. Würde sie Einzelaktien kaufen, könnte sie bei diesem Betrag vielleicht in ein bis zwei Unternehmen investieren. Mit einem ETF auf den MSCI World ist sie sofort in über 1.500 Unternehmen weltweit investiert – perfekt gestreut und zu minimalen Kosten.

Bei der Auswahl eines ETFs solltest du auf einige Kriterien achten:

» Die **Tracking Difference** zeigt, wie gut der ETF seinen Index nachbildet – je kleiner die Abweichung, desto besser.

- Das **Fondsvolumen** sollte mindestens 100 Millionen Euro betragen. Je größer der Fonds, desto liquider ist er und desto geringer ist das Risiko einer Schließung.
- Die **Replikationsmethode**: Physische ETFs kaufen die Aktien tatsächlich, synthetische ETFs bilden den Index über Finanzkontrakte nach. Für Einsteiger sind physische ETFs oft die bessere Wahl.

Aktiv gemanagte Fonds – die klassische Alternative

Im Gegensatz zu ETFs versuchen aktiv gemanagte Fonds, besser als der Markt zu sein. Ein Team von Fondsmanagern analysiert Unternehmen und Märkte und trifft aktive Anlageentscheidungen. Das klingt erst mal gut – warum sollte man sich mit der Marktrendite zufriedengeben, wenn man sie übertreffen kann? Die Realität sieht leider anders aus. Studien zeigen, dass nur etwa 10 bis 20 Prozent der aktiven Fonds langfristig besser abschneiden als vergleichbare ETFs. Der Hauptgrund sind die höheren Kosten. Ein aktiver Fonds kostet wie bereits erwähnt oft 1,5 bis 2 Prozent pro Jahr – das schmälert die Rendite erheblich.

Ein Beispiel macht das deutlich: Nehmen wir an, der Aktienmarkt steigt um sieben Prozent pro Jahr. Ein ETF mit 0,2 Prozent Kosten liefert dir dann etwa 6,8 Prozent Rendite. Ein aktiver Fonds mit 1,8 Prozent Kosten müsste schon 8,6 Prozent erwirtschaften, nur um die gleiche Nettorendite zu erreichen. Das gelingt auf Dauer nur den wenigsten. Das heißt nicht, dass aktive Fonds generell schlecht sind. Sie können in bestimmten Marktnischen oder Spezialsituationen durchaus Vorteile haben – zum Beispiel bei kleineren Unternehmen oder in weniger entwickelten Märkten, wo aktives Management einen echten Mehrwert bringen kann.

Anleihen – der ruhige Hafen

Kommen wir zu einer ganz anderen Anlageklasse: Anleihen. Eine Anleihe ist im Prinzip ein Kredit, den du einem Unternehmen oder

Staat gibst. Im Gegenzug verspricht dir der Schuldner regelmäßige Zinszahlungen und am Ende die Rückzahlung des geliehenen Betrags.

Benötigt beispielsweise der Staat Geld für den Bau neuer Schulen, so gibt er eine Anleihe über zehn Jahre mit zwei Prozent Zinsen aus. Wenn du für 1.000 Euro eine solche Anleihe kaufst, bekommst du jedes Jahr 20 Euro Zinsen und nach zehn Jahren deine 1.000 Euro zurück.

Leider ist das Thema damit noch nicht vorbei, auch hier gibt es verschiedene Arten von Anleihen:

» **Staatsanleihen** gelten als besonders sicher, vor allem von stabilen Ländern wie Deutschland oder den USA. Allerdings ist die Rendite entsprechend niedrig.
» **Unternehmensanleihen** bieten meist höhere Zinsen, tragen aber auch ein höheres Risiko. Wenn das Unternehmen pleitegeht, kannst du dein Geld verlieren.
» **Wandelanleihen** sind eine spezielle Form: Sie können unter bestimmten Bedingungen in Aktien umgewandelt werden. Das bietet zusätzliche Chancen, macht die Anlage aber auch komplexer.

Die Rendite einer Anleihe hängt stark von der Bonität des Schuldners ab – also davon, wie wahrscheinlich es ist, dass er seine Schulden zurückzahlen kann. Je schlechter die Bonität, desto höher müssen die Zinsen sein, um Anleger zu überzeugen. Das wird durch Ratingagenturen bewertet, die Noten von AAA (beste Bonität) bis D (Zahlungsausfall) vergeben.

Ein wichtiger Faktor bei Anleihen ist das Zinsänderungsrisiko. Wenn die Marktzinsen steigen, fallen tendenziell die Kurse bestehender Anleihen. Das ist besonders bei langen Laufzeiten relevant. Ein Beispiel: Du hast eine 10-jährige Anleihe mit zwei Prozent Zinsen. Wenn die Marktzinsen auf vier Prozent steigen, will natürlich niemand mehr deine 2-Prozent-Anleihe zum ursprünglichen Preis kaufen.

Gerade für junge Anleger spielen Anleihen oft eine untergeordnete Rolle. Bei einem langen Anlagehorizont und der Bereitschaft,

Kursschwankungen auszuhalten, sind Aktien historisch die bessere Wahl. Anleihen können aber als Stabilisator im Portfolio sinnvoll sein, besonders wenn du dich dem Zeitpunkt näherst, an dem du das Geld brauchst.

Immobilien – Betongold mit Vor- und Nachteilen

„Betongold" – so werden Immobilien oft genannt. Und tatsächlich haben sie als Geldanlage einige attraktive Eigenschaften. Du kannst auf zwei Arten in Immobilien investieren: direkt durch den Kauf einer Wohnung oder eines Hauses oder indirekt über Immobilienfonds oder REITs (Real Estate Investment Trusts).

Bei einer Direktinvestition kaufst du eine konkrete Immobilie. Die Vorteile liegen auf der Hand: Du hast etwas „Anfassbares", kannst die Immobilie selbst nutzen oder vermieten und profitierst von möglichen Wertsteigerungen. Allerdings brauchst du dafür viel Kapital – auch wenn du einen Kredit aufnimmst, musst du meist 20 bis 30 Prozent Eigenkapital mitbringen.

Ein Beispiel: Eine kleine Wohnung für 200.000 Euro erfordert mindestens 40.000 Euro Eigenkapital plus etwa 20.000 Euro für Nebenkosten wie Grunderwerbsteuer, Notar und Makler. Das haben die wenigsten jungen Menschen zur Verfügung.

REITs und Immobilienfonds machen Immobilieninvestments auch mit kleinen Beträgen möglich. Ein REIT ist eine börsennotierte Gesellschaft, die in verschiedene Immobilien investiert. Du kaufst Anteile wie bei einer Aktie bei deiner Bank oder deinem Broker und profitierst von Mieteinnahmen und Wertsteigerungen. REITs müssen mindestens 90 Prozent ihrer Gewinne ausschütten, was zu attraktiven Dividenden führt.

Immobilienfonds sammeln das Geld vieler Anleger und kaufen damit Immobilien wie Bürogebäude oder Einkaufszentren. Du kaufst einfach Anteile am Fonds und wirst so Miteigentümer dieser Gebäude. Manche Immobilienfonds werden an der Börse gehandelt, andere nicht. Ein wichtiger Unterschied zu REITs: Immobilienfonds müssen ihre Gewinne nicht komplett auszahlen und können das Geld auch wieder anlegen. Dafür sind sie meist sicherer, da sie Geld in Reserve halten.

Die Vor- und Nachteile von Immobilien als Geldanlage

Vorteile:

» Inflationsschutz – Mieten und Immobilienwerte steigen oft mit der Inflation
» stabile Wertentwicklung – weniger Schwankungen als bei Aktien
» Mieteinnahmen sorgen für regelmäßige Erträge

Nachteile:

» hoher Kapitalbedarf bei Direktinvestition
» mangelnde Flexibilität – eine Immobilie kannst du nicht mal eben verkaufen
» hoher Verwaltungsaufwand bei Vermietung
» Klumpenrisiko – dein Geld steckt in einem einzigen Objekt an einem bestimmten Standort

Kryptowährungen – die digitale Revolution?

Bitcoin, Ethereum und Co haben in den letzten Jahren für viel Aufsehen gesorgt. Aber was steckt eigentlich dahinter? Kryptowährungen sind digitale „Währungen", die auf der Blockchain-Technologie basieren. Sie funktionieren ohne zentrale Kontrollinstanz wie eine Bank oder Regierung. Die Blockchain ist wie ein digitales Kassenbuch, das alle Transaktionen fälschungssicher speichert. Überweist du jemandem Bitcoin, wird diese Transaktion in einem „Block" gespeichert und mit allen vorherigen Transaktionen verknüpft – daher der Name „Blockchain". Die bekannteste Kryptowährung ist Bitcoin, aber es gibt mittlerweile auch Tausende andere. Ethereum zum Beispiel ist mehr als eine Währung – es ist eine Plattform für „Smart Contracts", also automatisch ausgeführte Verträge.

Das Besondere an Kryptowährungen ist ihre Dezentralität. Es gibt keine Bank, die das System kontrolliert. Stattdessen wird es von einem Netzwerk von Computern weltweit betrieben. Das macht es sehr schwer, das System zu manipulieren.

Die Chancen und Risiken von Kryptowährungen sind enorm

Chancen:

» potenziell hohe Renditen – Bitcoin stieg von wenigen Cent auf zeitweise über 100.000 Dollar
» Unabhängigkeit von traditionellen Finanzsystemen
» innovative Technologie mit vielen Anwendungsmöglichkeiten

Risiken:

» extreme Kursschwankungen – Wertverluste von 50 Prozent oder mehr sind keine Seltenheit
» regulatorische Unsicherheit – viele Länder sind skeptisch gegenüber Kryptos
» technische Risiken – wenn du deinen privaten Schlüssel verlierst, ist dein Geld weg
» hoher Energieverbrauch, besonders bei Bitcoin

Es ist auch wichtig, die steuerliche Behandlung von Kryptogewinnen zu verstehen. In Deutschland sind Gewinne nach einem Jahr Haltedauer steuerfrei. Bei kürzerer Haltedauer gilt der persönliche Steuersatz. Für die meisten jungen Anleger sollten Kryptowährungen höchstens eine kleine Beimischung im Portfolio sein. Einige Broker bieten dir bereits Möglichkeiten an, mit denen du ohne eine separate Krypto-Wallet an den Wertentwicklungen von Bitcoin und Co teilhaben kannst. Die hohen Risiken machen sie aber als Basisinvestment ungeeignet. Wenn du in Kryptos investieren willst, beschäftige dich intensiv mit der Technologie und investiere nur Geld, dessen Verlust du verkraften kannst.

Der praktische Weg zur ersten Investition – so wirst du zum Aktionär

Du hast jetzt viel über verschiedene Anlagemöglichkeiten gelernt. Aber wie kommst du eigentlich konkret an Aktien, ETFs oder Fonds? Der Weg dahin ist einfacher, als viele denken, auch wenn die ersten Schritte vielleicht etwas einschüchternd wirken. Gehen wir das mal Schritt für Schritt durch.

Zunächst brauchst du zwei grundlegende Dinge: ein Wertpapierdepot und ein Verrechnungskonto. Das Depot ist wie ein digitaler Tresor für deine Wertpapiere. Hier werden deine Aktien, ETFs und Fonds sicher verwahrt. Das Verrechnungskonto ist das Bankkonto, über das deine Käufe und Verkäufe abgewickelt werden. Es wird meist automatisch zusammen mit deinem Depot eingerichtet.

Die erste wichtige Entscheidung ist die Wahl zwischen einer klassischen Bank und einem Onlinebroker. Traditionelle Banken wie Sparkassen oder Volksbanken bieten oft persönliche Beratung vor Ort und ein breites Serviceangebot. Du kannst zwar in die Filiale gehen und dir alles erklären lassen. Allerdings ist das mit einem großen Nachteil verbunden: Die Gebühren sind meist deutlich höher. Eine einzelne Order – also ein Kauf oder ein Verkauf – kann hier leicht 25 Euro oder mehr kosten. Zusätzlich fallen bei vielen Banken jährliche Depotgebühren an.

Onlinebroker wie flatex, Comdirect, ING oder Trade Republic sind dagegen deutlich günstiger. Eine Order kostet hier oft nur wenige Euro, viele Broker bieten sogar nahezu kostenlose ETF-Sparpläne an. Die Depotführung ist meist gratis. Dafür musst du dich selbst um alles kümmern – es gibt keine persönliche Beratung im klassischen Sinne. Aber die Broker bieten moderne, benutzerfreundliche Apps und viele Informationsmaterialien.

Die Depoteröffnung selbst geht heute erstaunlich schnell und einfach. Du brauchst einen gültigen Personalausweis, eine stabile Internetverbindung für die Video-Identifizierung und ein bestehendes Bankkonto als Referenzkonto. Der gesamte Prozess dauert etwa 15 bis 20 Minuten und läuft komplett digital über dein Smartphone oder den Computer. Du füllst ein Onlineformular aus, durchläufst die Video-Identifizierung und unterschreibst die Verträge digital. Normalerweise ist dein Depot dann schon nach ein bis zwei Werktagen einsatzbereit.

Ein wichtiger Teil der Depoteröffnung ist der Fragebogen zu deinen Kenntnissen und Erfahrungen mit Wertpapieren. Viele Anleger sind versucht, hier etwas zu übertreiben, um Zugang zu allen Produkten zu bekommen. Das ist aber keine gute Idee. Der Fragebogen dient deinem Schutz – der Broker muss einschätzen können, welche Produkte für dich geeignet sind. Sei also in Bezug auf deine Erfahrungen und Kenntnisse ehrlich.

Sobald dein Depot aktiv ist, kannst du mit dem Investieren beginnen. Dafür überweist du zunächst Geld auf dein Verrechnungskonto. Die erste Order – also der erste Kauf – ist für viele ein besonderer Moment. Du hast verschiedene Möglichkeiten, wie du sie aufgeben kannst.

Damit kommen wir auch schon zu den verschiedenen Ordertypen, also den Möglichkeiten, wie du Wertpapiere kaufen und verkaufen kannst. Die einfachste Form ist die Market-Order. Dabei kaufst oder verkaufst du zum aktuellen Marktpreis. Das geht schnell und die Order wird praktisch sofort ausgeführt. Der Nachteil ist, dass du keine genaue Kontrolle über den Preis hast. Gerade bei Aktien, die stark schwanken, kann der tatsächliche Ausführungspreis von dem abweichen, den du auf deinem Bildschirm siehst.

Eine Alternative ist die Limit-Order. Hier legst du einen maximalen Kaufpreis oder minimalen Verkaufspreis fest. Angenommen, eine Aktie steht bei 100 Euro, du bist aber nur bereit, 98 Euro zu zahlen. Dann setzt du ein Limit bei 98 Euro. Die Order wird erst ausgeführt, wenn der Kurs auf oder unter 98 Euro fällt. Das gibt dir mehr Kontrolle, aber die Order wird möglicherweise nie ausgeführt, wenn der Kurs nicht dein Limit erreicht.

Besonders wichtig für deine Sicherheit sind Stop-Orders. Der Stop-Loss ist wie eine Notbremse für deine Investments. Ein Beispiel: Du kaufst eine Aktie für 100 Euro. Um große Verluste zu vermeiden, setzt du einen Stop-Loss bei 90 Euro. Fällt der Kurs unter 90 Euro, wird automatisch verkauft. So begrenzt du deinen maximalen Verlust auf zehn Prozent. Dabei ist wichtig zu verstehen: Ein Stop-Loss garantiert nicht den Verkauf genau zu diesem Preis. Wenn der Kurs sehr schnell fällt, kann der tatsächliche Verkaufspreis auch deutlich niedriger sein. Mein persönlicher Rat ist es, den Stopp bei einem langfristigen Anlagehorizont zwischen 20 und 25 Prozent unterhalb des Kaufkurses zu platzieren. Hat das Wertpapier dann zwischen 20 und 40 Prozent Performance hingelegt, lohnt es sich, den Stopp nach oben anzupassen. Somit kannst du mit dieser Position theoretisch keinen Verlust mehr machen.

Es gibt auch den Stop-Buy, das Gegenstück zum Stop-Loss. Er wird oft genutzt, um einen Aufwärtstrend zu bestätigen. Wenn eine Aktie bei 100 Euro steht und du einen Stop-Buy bei 105 Euro setzt, wird automatisch gekauft, sobald der Kurs über 105 Euro steigt. Die Idee dahinter: Wenn der Kurs ein bestimmtes Niveau nach oben durchbricht, könnte ein längerer Aufwärtstrend beginnen.

Für langfristige Investoren, besonders bei ETFs, sind Sparpläne der ideale Weg. Du legst einmal fest, welchen Betrag du monatlich oder vierteljährlich investieren möchtest, und der Broker führt die Orders automatisch aus. Das hat mehrere Vorteile: Du sparst dir die manuelle Orderaufgabe, nutzt den Cost-Average-Effekt optimal aus und viele Broker bieten Sparpläne sogar kostenlos an.

Beim Timing deiner Orders gibt es einige wichtige Punkte zu beachten. Die Börse hat feste Handelszeiten, in Deutschland in der Regel von 9:00 bis 17:30 Uhr. Vermeide es, direkt zur Börsenöffnung oder kurz vor Börsenschluss zu handeln – in diesen Zeiten sind die Kursschwankungen oft am größten. Die ruhigste Phase ist meist am frühen Nachmittag. Bei US-Aktien solltest du bedenken, dass die amerikanischen Börsen erst um 15:30 unserer Zeit öffnen. Davor ist das Handelsvolumen deutlich geringer.

Ein weiterer wichtiger Punkt ist die Wahl des richtigen Handelsplatzes. Die gleiche Aktie wird oft an verschiedenen Börsen gehandelt – in Deutschland zum Beispiel in Frankfurt, Stuttgart oder über elektronische Handelsplattformen wie Xetra. Die Kurse können leicht voneinander abweichen, auch die Handelszeiten und Gebühren variieren. Die meisten Broker wählen automatisch einen günstigen Handelsplatz aus, du kannst aber oft auch selbst entscheiden.

Besonders am Anfang ist es ratsam, mit kleinen Beträgen zu starten und sich mit dem System vertraut zu machen. Befasse dich in Ruhe mit der Handelsplattform deines Brokers. Viele bieten auch Demo-Konten an, mit denen du das Traden mit virtuellem Geld üben kannst. Das ist eine gute Möglichkeit, die verschiedenen Ordertypen in der Praxis kennenzulernen, ohne echtes Geld zu riskieren.

Behalte auch immer die Kosten im Blick. Neben den reinen Ordergebühren können weitere Kosten entstehen – zum Beispiel für Echtzeitkurse. Diese Zusatzkosten sind bei aktiven Tradern relevant, für langfristige Investoren meist überflüssig. Detaillierte Vergleiche verschiedener Broker, aktuelle Gebührenmodelle und weitere praktische Tipps findest du auf timo-finanztipp.de.

15
STRATEGIEN FÜR DEN VERMÖGENSAUFBAU – DEIN WEG ZUM FINANZIELLEN ERFOLG

Nachdem wir die verschiedenen Anlageklassen kennengelernt haben, geht es nun darum, wie du sie clever kombinierst und eine Strategie entwickelst, die zu dir passt. Wenn man ein Haus baut, braucht man einen Plan, verschiedene Materialien und muss in der richtigen Reihenfolge vorgehen. Genauso ist es beim Vermögensaufbau.

Der kluge Aufbau deines Portfolios

Ein Portfolio ist wie ein gut sortierter Werkzeugkasten – du brauchst verschiedene Werkzeuge für verschiedene Aufgaben. Die Kunst liegt darin, die richtige Mischung zu finden. Das nennt sich Asset-Allokation, also die Verteilung deines Geldes auf verschiedene Anlageklassen wie Aktien, Anleihen oder Immobilien.

Die Verteilung hängt von drei Hauptfaktoren ab:

1. deinem Anlagehorizont (Wie lange kannst du das Geld anlegen?)
2. deiner Risikobereitschaft (Wie gut schläfst du bei Kursschwankungen?)
3. deinen finanziellen Zielen (Wofür sparst du?)

Eine klassische Faustregel lautet: Ziehe dein Alter von 100 ab, und so hoch sollte ungefähr dein Aktien- oder EFT-Anteil sein. Bist du 25, wären das 75 Prozent Aktien. Das ist aber nur ein grober Richtwert. Viel wichtiger ist, dass du dich mit deiner Anlagestrategie wohlfühlst und nicht bei jedem Kursrückgang in Panik verfällst.

Ein Beispiel: Sarah ist 20 und hat gerade ihren ersten Job. Sie kann und will langfristig investieren und verträgt auch mal Kursschwankungen. Ihr Portfolio könnte so aussehen:

» 80 % globale Aktien-ETFs
» 10 % Anleihen-ETFs als Stabilisator
» 10 % Tagesgeld für Notfälle

Tim hingegen ist 29, selbstständig und braucht mehr Sicherheit. Sein Portfolio ist defensiver:

» 60 % Aktien-ETFs
» 30 % Anleihen oder Immobilien(-ETFs)
» 10 % Tagesgeld

Die regelmäßige Wartung – Rebalancing

Wenn du ein Auto fährst, ist eine regelmäßige Wartung wichtig, damit alles rundläuft. Genauso ist es bei deinem Portfolio. Durch unterschiedliche Entwicklungen der einzelnen Anlagen verschiebt sich mit der Zeit die ursprünglich geplante Verteilung. Wenn Aktien stark steigen, haben sie plötzlich einen größeren Anteil als geplant. Beim Rebalancing stellst du die ursprüngliche Verteilung wieder her.

Ein konkretes Beispiel: Du startest mit 10.000 Euro, aufgeteilt in 70 Prozent Aktien (7.000 Euro) und 30 Prozent Anleihen (3.000 Euro). Nach einem starken Börsenjahr sind deine Aktien 9.000 Euro wert, während die Anleihen bei 3.100 Euro stehen. Jetzt macht der Aktienanteil fast 75 Prozent aus – mehr als geplant. Beim Rebalancing verkaufst du Aktien für 1.000 Euro und kaufst dafür Anleihen, um wieder auf die 70/30-Verteilung zu kommen.

Das klingt erst mal kontraintuitiv – du verkaufst ja gerade das, was gut läuft. Aber genau das ist der Punkt: Du verkaufst automatisch, wenn etwas teuer geworden ist, und kaufst nach, wenn etwas günstig ist. „Buy low, sell high" in der Praxis!

Wie oft solltest du rebalancen? Das hängt von verschiedenen Faktoren ab. Eine Möglichkeit ist, es zeitbasiert zu erledigen, zum Beispiel einmal im Jahr. Du kannst aber auch Schwellenwerte definieren – etwa wenn eine Position um mehr als fünf Prozentpunkte von der Zielallokation abweicht. Beachte dabei die Handelskosten: Zu häufiges Rebalancing frisst die Vorteile durch die anfallenden Gebühren auf.

Die Kunst des langfristigen Investierens

Eine der wichtigsten Lektionen an der Börse: Zeit schlägt Timing. Versuch gar nicht erst, den „perfekten" Zeitpunkt zum Ein- oder Ausstieg zu finden. Stattdessen ist es viel wichtiger, überhaupt anzufangen und dann dabeizubleiben. Die Buy-and-Hold-Strategie ist dabei wie eine langjährige Freundschaft – du bleibst auch in schwierigen Zeiten dabei. Diese Strategie hat mehrere überzeugende Vorteile: Erstens sparst du dir Transaktionskosten. Jeder Kauf und Verkauf kostet Gebühren, die deine Rendite schmälern. Zweitens profitierst du vom Zinseszinseffekt, den wir schon kennengelernt haben. Und drittens – das wird oft übersehen – sparst du Steuern. Denn Kursgewinne werden erst besteuert, wenn du verkaufst. Solange du deine Wertpapiere hältst, arbeitest du also auch mit dem Geld, das sonst an den Staat ginge.

Ein faszinierendes Beispiel dafür ist Warren Buffett. Seine Holding Berkshire Hathaway hält viele Beteiligungen seit Jahrzehnten. So ist etwa Coca-Cola seit 1988 im Berkshire-Portfolio – trotz aller Krisen, die es seither gab. Das Ergebnis? Eine Performance, von der die meisten aktiven Händler nur träumen können.

Der Cost-Average-Effekt bei einem Sparplan ist dein bester Freund. Statt einmalig eine große Summe zu investieren, kaufst du regelmäßig für den gleichen Betrag – zum Beispiel monatlich 300 Euro in einen ETF-Sparplan. Dadurch kaufst du automatisch mehr Anteile, wenn die Kurse niedrig sind, und weniger, wenn sie hoch sind.

Lass uns das an einem konkreten Beispiel durchrechnen: Angenommen, ein ETF-Anteil kostet im ersten Monat 100 Euro. Für deine 300 Euro bekommst du also drei Anteile. Im nächsten Monat fällt der Kurs auf 75 Euro – jetzt bekommst du vier Anteile. Im dritten Monat steigt der Kurs auf 150 Euro – dafür gibt's zwei Anteile. Nach drei Monaten hast du neun Anteile zum Durchschnittspreis von etwa 100 Euro gekauft.

Abb. 12: Cost-Average-Effekt

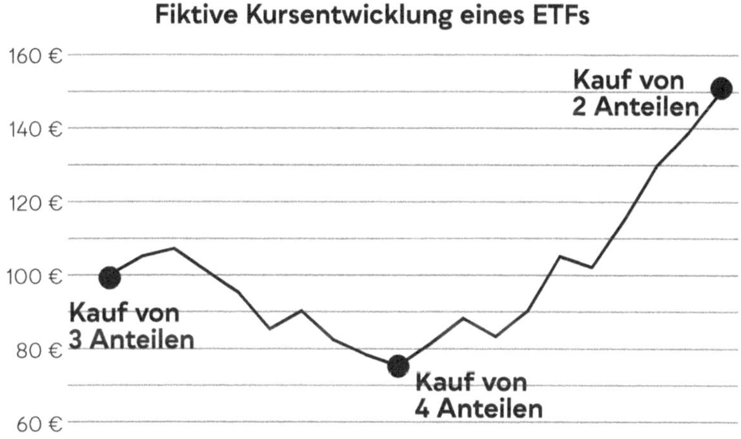

Da immer für 100 Euro gekauft wird, erwirbt man mehr Anteile, wenn der Kurs niedriger steht. Steigt der Kurs, werden weniger Anteile gekauft.

Aktiv oder passiv – die große Frage

Auch wenn ich im vorherigen Kapitel bereits darauf eingegangen bin, möchte ich noch mal die Unterschiede ausführlich darstellen. Eine der wichtigsten Entscheidungen beim Investieren ist die Wahl zwischen aktivem und passivem Management. Beim aktiven Investieren versuchst du (oder ein Fondsmanager), durch geschickte Auswahl einzelner Aktien oder geschicktes Timing besser als der Markt zu sein. Beim passiven Investieren bildest du einfach einen Index nach – zum Beispiel mit einem ETF auf den MSCI World.

Die Verlockung ist groß, es besser als der Markt machen zu wollen. Die Realität sieht aber anders aus: Studien zeigen, dass nur etwa 10 bis 20 Prozent der aktiv gemanagten Fonds langfristig ihren Vergleichsindex schlagen. Nach Kosten wird die Quote noch schlechter. Das liegt nicht daran, dass die Fondsmanager dumm sind – im Gegenteil. Aber der Markt ist hocheffizient und neue Informationen werden blitzschnell eingepreist.

Ein Beispiel macht das deutlich: Du liest in der Zeitung, dass Apple großartige neue Produkte vorstellt. „Da kaufe ich schnell Aktien!", denkst du. Aber Moment – die Information haben Millionen andere Anleger auch schon. Der Kurs ist längst gestiegen. Um den Markt zu schlagen, müsstest du Informationen haben oder Entwicklungen vorhersehen, die andere noch nicht kennen. Das bedeutet nicht, dass aktives Investieren unmöglich ist. Aber es braucht sehr viel Zeit, Wissen und auch etwas Glück. Für die meisten Privatanleger ist passives Investieren der klügere Weg. Du konzentrierst dich darauf, breit gestreut und kostengünstig am Wachstum der Weltwirtschaft teilzuhaben, statt das nächste Amazon finden zu wollen.

Die steuerliche Seite – mehr Netto vom Brutto

Rendite ist gut, Rendite nach Steuern ist besser! Die steuerlichen Aspekte deiner Investments solltest du von Anfang an im Blick haben. In Deutschland werden Kapitalerträge – also Zinsen, Dividenden und Kursgewinne – wie bereits erwähnt mit der Abgeltungsteuer besteuert (25 Prozent plus Solidaritätszuschlag und gegebenenfalls Kirchensteuer). Insgesamt landen etwa 26,375 Prozent beim Finanzamt.

Eine gute Nachricht gibt's aber: Du hast einen Sparerpauschbetrag (früher Freibetrag genannt). Für 2024 sind das 1.000 Euro bei Einzelpersonen und 2.000 Euro bei Verheirateten. Bis zu dieser Höhe bleiben deine Kapitalerträge steuerfrei. Das solltest du unbedingt ausnutzen!

Der Freistellungsauftrag ist dafür dein wichtigstes Werkzeug. Damit sagst du deiner Bank: „Bitte keine Steuern einbehalten bis zu diesem Betrag." Ohne Freistellungsauftrag behält die Bank automatisch die Steuern ein – und du musst sie dir mühsam über die Steuererklärung zurückholen.

Ein Praxisbeispiel: Anna hat ein Depot bei der Direktbank und bekommt jährlich etwa 800 Euro Dividenden aus ihren ETFs. Ohne Freistellungsauftrag würden davon etwa 211 Euro (26,375 Prozent) direkt an Steuern abgezogen. Mit einem Freistellungsauftrag über 1.000 Euro bekommt sie die vollen 800 Euro gutgeschrieben.

Wenn du bei mehreren Banken Depots hast, kannst du den Freibetrag aufteilen. Wichtig ist nur, dass du insgesamt nicht über die 1.000 Euro kommst. Eine sinnvolle Strategie kann sein, Investments mit hohen regelmäßigen Ausschüttungen (wie Dividenden-ETFs) bei der Bank zu halten, wo du den Freistellungsauftrag eingerichtet hast.

Ein weiterer wichtiger Aspekt ist das Thema Verlusttöpfe. Verluste aus Aktiengeschäften können nur mit Gewinnen aus Aktiengeschäften verrechnet werden. Das Gleiche gilt für Verluste aus Termingeschäften. Diese getrennte Verlustverrechnung macht die Steueroptimierung komplexer.

Besonders clever ist auch das Ausnutzen von Steuerstundungseffekten. Bei thesaurierenden ETFs, die Erträge wie Dividenden direkt wieder anlegen, zahlst du einen Großteil der Steuern erst beim Verkauf. Das Geld, das sonst an Steuern fällig wäre, arbeitet also länger für dich. Bei einem Anlagehorizont von 20 oder 30 Jahren kann das einen deutlichen Unterschied machen.

Natürlich ändern sich Steuergesetze immer wieder. Die Grundprinzipien bleiben aber meist gleich. Wichtig ist, dass du die Basics verstehst und weißt, wo du aktuelle Informationen findest. Lass dich von der Komplexität des Steuersystems nicht abschrecken – die grundlegenden Optimierungsmöglichkeiten wie Freistellungsauftrag und Steuerstundung kann jeder nutzen.

Denk immer daran: Steuern zu sparen ist gut, aber die Strategie sollte nicht die Anlageentscheidung dominieren. Eine schlechte Investition wird nicht besser, nur weil sie steuerlich vorteilhaft ist. Konzentriere dich zuerst auf eine solide, zu dir passende Anlagestrategie. Die steuerliche Optimierung ist dann das i-Tüpfelchen, das deine Rendite noch etwas verbessert.

16 ALTERSVORSORGEMODELLE IM ÜBERBLICK – DEIN WEGWEISER DURCH DEN VORSORGEDSCHUNGEL

Nachdem wir verstanden haben, warum Altersvorsorge so wichtig ist, schauen wir uns die verschiedenen Möglichkeiten an, wie du konkret vorsorgen kannst. Der deutsche Staat bietet dir dabei verschiedene geförderte Wege an – quasi wie ein Menü mit verschiedenen Gerichten. Ich helfe dir dabei, das Richtige für dich zu finden.

Die private Rentenversicherung – dein individueller Vorsorgeweg

Stellen wir uns die private Rentenversicherung wie einen maßgeschneiderten Anzug vor – sie lässt sich genau an deine Bedürfnisse anpassen. Im Kern geht es darum: Du zahlst regelmäßig Geld ein, das die Versicherung für dich anlegt. Später bekommst du dann eine monatliche Rente oder, wenn du möchtest, auch eine einmalige Auszahlung. Es gibt zwei Hauptvarianten: die klassische und die fondsgebundene Rentenversicherung. Die klassische Version ist wie ein gemütlicher Diesel – nicht besonders aufregend, aber zuverlässig. Die Versicherung garantiert dir einen bestimmten Mindestzins, aktuell sind das rund 0,25 Prozent. Das klingt erst mal wenig, aber es kommen noch Überschüsse dazu, die die Versicherung erwirtschaftet.

Die fondsgebundene Variante ist dagegen eher wie ein Sportwagen – mit mehr Risiko, aber auch mit der Chance auf mehr Rendite. Hier wird dein Geld in Investmentfonds angelegt, manchmal auch in Aktien oder Gold. Die Entwicklung deiner Rente hängt dann davon ab, wie sich diese Fonds entwickeln. Dafür hast du die Chance auf deutlich höhere Erträge als bei der klassischen Variante.

Ein wichtiger Punkt ist die Flexibilität. Moderne Rentenversicherungen bieten dir verschiedene Möglichkeiten, deinen Vertrag an veränderte Lebensumstände anzupassen. Du kannst zum Beispiel die Beiträge erhöhen oder senken, zusätzliche Einmalzahlungen leisten, den Vertrag beitragsfrei stellen, wenn's mal eng wird, oder aber zwischen verschiedenen Anlagestrategien wechseln. Besonders spannend wird es bei der Auszahlung. Bei den meisten Verträgen hast du im Wesentlichen drei Möglichkeiten:

1. Lebenslange Rente: Du bekommst jeden Monat einen festen Betrag, solange du lebst. Das gibt dir Sicherheit, denn „du kannst nie länger leben als dein Geld".
2. Einmalzahlung: Du bekommst das gesamte angesparte Kapital auf einen Schlag. Das gibt dir maximale Freiheit, aber auch die Verantwortung, das Geld selbst einzuteilen.
3. Kombinationen: Du nimmst einen Teil als Einmalzahlung und den Rest als Rente.

Bei den Garantien wird es jetzt richtig interessant. Die Versicherungen bieten verschiedene Garantieniveaus an. Bei der klassischen Variante garantieren sie dir eine Mindestrente – das ist wie ein finanzielles Sicherheitsnetz. Der Garantiezins von 0,25 Prozent hört sich gering an, bezieht sich aber nur auf den Sparanteil deiner Beiträge. Von deinen eingezahlten Beiträgen gehen nämlich Kosten für Verwaltung und Versicherungsschutz ab. Die tatsächliche Rente wird durch die Überschussbeteiligung wahrscheinlich höher ausfallen. Diese setzt sich aus verschiedenen Komponenten zusammen:

Der Zinsüberschuss entsteht, wenn die Versicherung mit deinem Geld mehr erwirtschaftet als den garantierten Zins. Stell dir vor, die Versicherung legt dein Geld für drei Prozent an, garantiert dir aber nur

0,25 Prozent. Ein großer Teil der Differenz wird an dich weitergegeben. Der Risikoüberschuss kommt zustande, wenn weniger Menschen sterben, als die Versicherung kalkuliert hat. Das klingt makaber, ist aber ein wichtiger Faktor in der Kalkulation. Der Kostenüberschuss entsteht wiederum, wenn die Versicherung günstiger wirtschaftet als geplant. Auch davon profitierst du.

Bei der fondsgebundenen Rentenversicherung sieht die Garantie anders aus. Hier gibt es verschiedene Modelle. Die Beitragsgarantie verspricht dir, dass du mindestens deine eingezahlten Beiträge zurückbekommst. Das klingt erst mal gut, bedeutet aber auch, dass ein großer Teil deiner Beiträge sehr konservativ angelegt werden muss, um diese Garantie zu erfüllen. Die Teilgarantie sichert dir einen bestimmten Prozentsatz deiner Einzahlungen zu, zum Beispiel 80 Prozent. Dadurch kann mehr Geld in chancenreichere Anlagen fließen. Ohne Garantie maximierst du deine Renditechancen, trägst aber auch das volle Risiko von Marktschwankungen.

Ein besonders wichtiger Punkt, der oft übersehen wird, ist die Flexibilität während der Ansparphase. Das Leben verläuft selten gradlinig und eine gute Rentenversicherung sollte sich deinen Lebensumständen anpassen können. Die Beitragsflexibilität erlaubt dir, deine Zahlungen zu erhöhen oder zu senken. Einige Anbieter lassen auch komplette Beitragspausen zu. Das ist wie eine finanzielle Atempause, wenn du sie brauchst. Wichtig ist aber zu verstehen, dass sich dadurch natürlich auch deine spätere Rente verändert.

Die Zuzahlungsoption ist wie ein offenes Sparschwein – du kannst jederzeit extra Geld einzahlen, wenn du zum Beispiel eine Erbschaft oder einen Bonus bekommst. Das erhöht dann entsprechend deine spätere Rente. Die Kapitalentnahme während der Laufzeit ist bei manchen Verträgen möglich. Das ist wie ein finanzieller Notausgang, solltest du mal dringend Geld brauchen. Aber Vorsicht: Jede Entnahme reduziert natürlich deine spätere Rente.

Ein weiterer wichtiger Aspekt ist die Frage, was im Todesfall mit deinem angesparten Geld passiert. Die meisten Verträge bieten verschiedene Optionen. Die Rentengarantiezeit stellt sicher, dass deine Rente für eine bestimmte Mindestzeit gezahlt wird, auch wenn du früher stirbst. Dann bekommen deine Hinterbliebenen die Rente bis zum Ende dieser Zeit. Die Kapitalrückgewähr während der Ansparphase bedeutet, dass deine Erben das eingezahlte Geld plus erwirtschaftete Erträge bekommen, wenn du vor Rentenbeginn stirbst.

Die betriebliche Altersvorsorge (bAV) – dein Arbeitgeber als Verbündeter

Bei der betrieblichen Altersvorsorge hast du einen starken Partner an deiner Seite: deinen Arbeitgeber. Die bAV ist quasi ein Teamwork-Projekt zwischen dir und deiner Firma für deine Zukunft. Es gibt verschiedene Durchführungswege. Die drei wichtigsten für dich als Arbeitnehmer sind:

1. die **Direktversicherung**: Sie ist der häufigste und einfachste Weg. Dein Arbeitgeber schließt für dich eine Lebensversicherung ab. Du verzichtest auf einen Teil deines Bruttogehalts (Entgeltumwandlung) und dieser Betrag fließt direkt in die Versicherung. Der Clou dabei: Auf diesen Teil zahlst du keine Steuern und Sozialabgaben. Bei 100 Euro, die du umwandelst, landen also nicht nur 50 Euro in deiner Vorsorge (wie bei einer privaten Anlage), sondern der volle Betrag.
2. die **Pensionskasse**: Sie funktioniert ähnlich wie eine Direktversicherung, ist aber eine eigene Versorgungseinrichtung. Oft schließen sich mehrere Unternehmen einer Branche zusammen und gründen eine gemeinsame Pensionskasse. Der Vorteil: Durch die große Anzahl an Versicherten können die Kosten niedrig gehalten werden.
3. der **Pensionsfonds**: Dies ist die modernste und flexibelste Variante. Der Pensionsfonds kann das Geld freier anlegen, zum Beispiel stärker in Aktien. Das bietet mehr Rendite-

chancen, aber auch mehr Risiken. Pensionsfonds unterliegen trotzdem strengen Anlagevorschriften und werden staatlich beaufsichtigt.

Ein absolutes Highlight der bAV ist der Arbeitgeberzuschuss. Seit mehreren Jahren muss dein Chef mindestens 15 Prozent deines umgewandelten Gehalts zusätzlich einzahlen. Das ist quasi geschenktes Geld für deine Altersvorsorge. Viele Arbeitgeber zahlen sogar freiwillig mehr. Die Logik dahinter: Auch der Arbeitgeber spart Sozialabgaben durch deine Entgeltumwandlung und gibt einen Teil dieser Ersparnis an dich weiter.

Die steuerlichen Vorteile sind beeindruckend. 2025 kannst du bis zu acht Prozent der Beitragsbemessungsgrenze, also 7.728 Euro pro Jahr steuerfrei in eine bAV einzahlen. Zusätzlich sind 3.864 Euro sozialabgabenfrei. Ein Beispiel macht das greifbar: Lisa verdient 3.000 Euro brutto und wandelt 200 Euro monatlich um. Durch die Steuer- und Sozialabgabenersparnis sinkt ihr Nettogehalt aber nur um etwa 100 Euro. Mit dem Arbeitgeberzuschuss von 30 Euro fließen also 230 Euro monatlich in ihre Altersvorsorge – für einen Nettoverzicht von nur 100 Euro!

Aber es gibt auch ein paar Punkte, die du beachten solltest. Die spätere Rente wird voll besteuert und ist krankenversicherungspflichtig. Das gleicht die Steuerersparnis in der Ansparphase teilweise wieder aus. Trotzdem lohnt sich die bAV in den allermeisten Fällen, besonders durch den Arbeitgeberzuschuss.

Ein weiterer wichtiger Aspekt ist die Portabilität – was passiert, wenn du den Job wechselst? Du hast verschiedene Möglichkeiten:

1. Du nimmst den Vertrag zum neuen Arbeitgeber mit (Portabilität)
2. Du stellst ihn beitragsfrei und lässt ihn einfach weiterlaufen
3. Du führst ihn privat weiter
4. Du kündigst ihn – in manchen Fällen ist auch eine Abfindung möglich

Die Riester-Rente – staatliche Förderung clever nutzen

Kommen wir zur Riester-Rente, benannt nach dem ehemaligen Arbeitsminister Walter Riester. Sie ist wie ein Bonusprogramm des Staates für deine Altersvorsorge – du sparst, der Staat legt ordentlich was drauf. Aber wie bei jedem Bonusprogramm musst du die Regeln kennen, um wirklich davon zu profitieren.

Die Förderung besteht aus zwei Teilen: Zulagen und Steuervorteilen. Die Grundzulage beträgt 175 Euro pro Jahr. Dazu kommen Kinderzulagen: Für jedes Kind, das ab 2008 geboren wurde, gibt's 300 Euro jährlich, für ältere Kinder 185 Euro. Für junge Leute unter 25 gibt's beim ersten Vertrag einen einmaligen Bonus von 200 Euro.

Das hört sich erst mal nach wenig an, aber ein Beispiel zeigt, wie stark der Hebel sein kann: Marie ist 26, alleinstehend und verdient 30.000 Euro brutto im Jahr. Sie zahlt 125 Euro monatlich in ihren Riester-Vertrag. Das sind 1.500 Euro im Jahr. Dafür bekommt sie 175 Euro Grundzulage vom Staat. Ihre effektive Belastung beträgt also nur 1.325 Euro im Jahr oder etwa 110 Euro monatlich. Durch die zusätzliche Steuerersparnis reduziert sich ihre tatsächliche Belastung sogar auf etwa 85 Euro monatlich.

Um die volle Förderung zu bekommen, musst du vier Prozent deines rentenversicherungspflichtigen Vorjahreseinkommens einzahlen, maximal 2.100 Euro jährlich. Dabei werden die Zulagen schon mitgerechnet. Wenn du weniger einzahlst, bekommst du die Zulagen nur anteilig. Besonders attraktiv ist Riester für:

- Geringverdiener, weil die Zulagen im Verhältnis zu den Eigenbeiträgen sehr hoch sind
- Familien mit Kindern durch die hohen Kinderzulagen
- Gutverdiener, die von der zusätzlichen Steuerersparnis profitieren

Die Förderung hat aber auch ihren Preis – die Riester-Rente ist stark reguliert. Die Versicherungen müssen garantieren, dass mindestens die eingezahlten Beiträge plus Zulagen zur Verfügung stehen. Das klingt gut, führt aber dazu, dass die Anbieter sehr konservativ anlegen müssen. Die Renditechancen sind dadurch begrenzt.

Ein wichtiger Punkt, den viele übersehen: Die Riester-Rente ist „zulagenschädlich", wenn du sie vor dem 62. Lebensjahr (bei älteren Verträgen: 60) als Einmalbetrag auszahlen lässt. Du müsstest dann alle staatlichen Förderungen zurückzahlen! Nur bei einer monatlichen Rente oder wenn du das Geld direkt in eine selbst genutzte Immobilie investierst („Wohn-Riester"), bleiben die Förderungen erhalten.

Die Auszahlung im Alter ist wie bei der privaten Rentenversicherung flexibel gestaltbar. Du kannst bis zu 30 Prozent des angesparten Kapitals auf einen Schlag entnehmen, der Rest muss als lebenslange Rente gezahlt werden. Die Rente wird dann voll besteuert, aber im Alter ist dein Steuersatz meist niedriger als während des Berufslebens. Ein oft diskutierter Punkt sind die Kosten. Riester-Verträge standen in der Vergangenheit in der Kritik, zu teuer zu sein. Mittlerweile gibt es aber auch kostengünstige Angebote, besonders bei fondsbasierten Varianten.

Die Rürup-Rente – der Selbstständigen-Turbo

Kommen wir zur Rürup-Rente, auch Basis-Rente genannt. Sie ist das steuerliche Powerhouse unter den Altersvorsorgeprodukten und wurde speziell für Selbstständige und Gutverdiener entwickelt. Aber auch als „normaler" Angestellter kannst du sie nutzen.

Das Besondere an der Rürup-Rente sind die enormen steuerlichen Vorteile. Seit Neuestem kannst du 100 Prozent deiner Beiträge als Sonderausgaben absetzen, maximal aber bis zur Höchstgrenze von 29.344 Euro (bei Verheirateten das Doppelte). Ein Beispiel macht die Wirkung deutlich: Thomas ist selbstständiger Grafikdesigner und zahlt 1.000 Euro monatlich in seine Rürup-Rente. Seine Beiträge von insgesamt 12.000 Euro im Jahr kann er also voll steuerlich geltend machen. Bei seinem Steuersatz von 42 Prozent spart er dadurch 5.040 Euro Steuern. Seine effektive Belastung beträgt also nur 6.960 Euro im Jahr oder etwa 580 Euro monatlich.

Die steuerlichen Vorteile haben allerdings auch ihre Kehrseite. Die Rürup-Rente ist extrem unflexibel. Die Beiträge können nicht gekündigt oder zurückgefordert werden, eine Kapitalabfindung ist nicht möglich – du bekommst immer nur eine lebenslange Rente. Auch die Vererbbarkeit ist stark eingeschränkt, nur spezielle Hinterbliebenenrenten sind möglich. Ein Verkauf oder eine Beleihung des Vertrags ist ebenfalls ausgeschlossen. Diese strengen Regeln haben einen Grund: Die Rürup-Rente soll eine echte Basisversorgung fürs Alter sein, vergleichbar mit der gesetzlichen Rente. Der Staat gibt dir massive Steuervorteile, will aber im Gegenzug sicherstellen, dass das Geld wirklich für die Altersvorsorge verwendet wird.

Bei den Anlagestrategien hast du die Wahl zwischen verschiedenen Varianten. In der klassischen Version bekommst du eine garantierte Mindestrente plus Überschussbeteiligung – der sichere Weg, aber mit bescheidenen Renditeaussichten. Die fondsgebundene Variante investiert dagegen in Investmentfonds, oft mit hohem Aktienanteil. Das bietet bessere Renditechancen, bringt aber auch mehr Risiko mit sich. Viele Anbieter haben auch Hybridmodelle im Angebot, die beide Ansätze kombinieren.

Hier gilt es jedoch, die steuerliche Behandlung in der Auszahlungsphase zu beachten. Die Rente wird nachgelagert besteuert. Das bedeutet, der Anteil der Rente, der versteuert werden muss, hängt vom Jahr des Rentenbeginns ab. Bei Rentenbeginn 2025 sind es 83,5 Prozent, bis 2058 steigt der Anteil auf 100 Prozent.

Die Rürup-Rente eignet sich besonders gut für Selbstständige, die keine gesetzliche Rentenversicherung haben, sowie für Gutverdiener, die die Steuervorteile voll ausnutzen können. Auch Menschen, die eine garantierte lebenslange Rente wollen und einen sehr langen Anlagehorizont haben, können von diesem Modell profitieren.

Bei den Kosten musst du genau hinschauen, denn sie können stark variieren. Die Abschluss- und Vertriebskosten werden oft auf die ersten fünf Jahre verteilt. Dazu kommen jährliche Verwaltungskosten und bei Fondspolicen noch die Kosten der ausgewählten

Fonds. Ein gründlicher Vergleich verschiedener Anbieter lohnt sich hier besonders.

Die Beitragszahlung ist dabei flexibler, als man vermutet. Die meisten Anbieter ermöglichen dynamische Beitragserhöhungen, etwa um drei Prozent pro Jahr. Auch Zuzahlungen sind möglich, um Steuerfreibeträge optimal auszunutzen. In schwierigen Zeiten kannst du die Beiträge reduzieren oder sogar befristete Beitragspausen einlegen.

Die Zukunft der Rürup-Rente hängt stark von der Steuerpolitik ab. Bisher wurde die steuerliche Förderung stetig ausgebaut. Experten gehen davon aus, dass die Rürup-Rente als dritte Säule der Altersvorsorge neben gesetzlicher Rente und betrieblicher Altersvorsorge weiter an Bedeutung gewinnen wird.

Die gesetzliche Rente – das Fundament deiner Altersvorsorge

Nachdem wir uns die verschiedenen Zusatzbausteine angeschaut haben, sollten wir noch einen genaueren Blick auf das Fundament werfen: die gesetzliche Rente. Sie funktioniert nach dem sogenannten Umlageverfahren. Das bedeutet, die heutigen Arbeitnehmer finanzieren mit ihren Beiträgen die Renten der aktuellen Rentner. Man spricht deshalb auch vom „Generationenvertrag".

Von deinem Bruttogehalt gehen aktuell 18,6 Prozent in die Rentenkasse, wobei du nur die Hälfte selbst zahlst – die andere Hälfte übernimmt dein Arbeitgeber. Bei einem Bruttogehalt von 3.000 Euro wären das also 279 Euro für dich. Dieses Geld wird aber nicht für dich angespart, sondern direkt an die heutigen Rentner ausgezahlt.

Für deine späteren Rentenansprüche sammelst du stattdessen Entgeltpunkte. Ein Entgeltpunkt entspricht dem Durchschnittsverdienst aller Versicherten in einem Jahr. 2024 liegt dieser bei etwa 45.358 Euro. Verdienst du genau diesen Betrag, bekommst du einen Entgeltpunkt. Bei der Hälfte des Durchschnittsverdienstes gibt's entsprechend 0,5 Punkte, bei dem Doppelten zwei Punkte.

Ein konkretes Beispiel:

Lisa verdient 35.000 Euro brutto im Jahr. Der Durchschnittsverdienst liegt bei 45.358 Euro. Sie erhält also in diesem Jahr:

35.000 ÷ 45.358 = 0,77 Entgeltpunkte

Diese Entgeltpunkte werden über dein gesamtes Arbeitsleben gesammelt. Bei der Verrentung werden sie dann mit dem aktuellen Rentenwert multipliziert. Dieser wird jedes Jahr neu festgelegt und beträgt 2025 in Westdeutschland 39,32 Euro. Ein Entgeltpunkt bringt dir also aktuell 39,32 Euro Rente – monatlich, wohlgemerkt.

Rechnen wir das mal durch. Wenn du 45 Jahre lang durchschnittlich verdienst (also 45 Entgeltpunkte sammelst), erhältst du:

45 × 39,32 € = 1.769 € monatliche Rente – vor Steuern und Krankenversicherung.

Das klingt erst mal nicht schlecht, aber bedenke:

- » Der Durchschnittsverdienst ist schon recht hoch
- » 45 Versicherungsjahre sind eine lange Zeit
- » Die Kaufkraft wird durch Inflation deutlich sinken
- » Kranken- und Pflegeversicherung sowie eventuell Steuern gehen noch ab

Ein wichtiger Punkt ist das Renteneintrittsalter. Die Regelaltersgrenze steigt schrittweise auf 67 Jahre. Für jüngere Jahrgänge ist sogar eine weitere Anhebung wahrscheinlich. Du kannst zwar auch früher in Rente gehen, musst dann aber Abschläge in Kauf nehmen – 0,3 Prozent pro Monat. Gehst du zwei Jahre früher, reduziert sich deine Rente also um 7,2 Prozent.

Die gesetzliche Rente bietet aber mehr als nur die Altersrente. Sie enthält auch:

- » eine Erwerbsminderungsrente bei Berufsunfähigkeit
- » Rehabilitationsleistungen („Reha vor Rente“)
- » Hinterbliebenenrenten für Witwen/Witwer und Waisen

Besonders wichtig für junge Menschen sind die Mindestversicherungszeiten, auch „Wartezeiten" genannt. Für die reguläre Altersrente brauchst du mindestens fünf Jahre Beitragszeit. Bestimmte Zeiten, wie Ausbildung oder Kindererziehung, können angerechnet werden.

Der aktuelle Rentenwert wird jährlich angepasst, hauptsächlich basierend auf der Lohnentwicklung. Allerdings gibt es verschiedene „Dämpfungsfaktoren", die verhindern sollen, dass die Renten zu stark steigen. Das führt dazu, dass die Renten meist langsamer steigen als die Löhne.

All diese Faktoren zeigen: Die gesetzliche Rente ist und bleibt eine wichtige Basis, aber für die meisten Menschen wird sie nicht ausreichen, um den gewohnten Lebensstandard im Alter aufrechtzuerhalten. Deshalb ist es so wichtig, dass du die verschiedenen Möglichkeiten der zusätzlichen Altersvorsorge nutzt, die wir in diesem Kapitel besprochen haben.

17
PLANUNG DEINER ALTERSVORSORGE – DEIN PERSÖNLICHER AKTIONSPLAN

Nach den vielen harten Fakten wird es jetzt wieder richtig praktisch. Da du die verschiedenen Bausteine der Altersvorsorge inzwischen kennst, zeige ich dir im Folgenden, wie du deinen maßgeschneiderten Vorsorgeplan entwickelst. Es ist wie bei einem Hausbau – auch wenn man die Baumaterialien kennt, muss auch der Bauplan stimmen, damit am Ende alles passt.

Dein Vorsorge-Cockpit – so behältst du den Überblick

Der erste Schritt zu deinem persönlichen Vorsorgeplan ist die Entwicklung deines digitalen Vorsorge-Cockpits. Das ist deine Schaltzentrale, in der alle wichtigen Informationen zusammenlaufen. Die gute Nachricht: Es gibt mittlerweile tolle digitale Tools dafür. Auf timo-finanztipp.de findest du eine Übersicht der besten kostenlosen Finanzplanungs-Apps.

Dein Cockpit sollte drei Bereiche abdecken. Erstens deine aktuellen Vorsorgeverträge und Anlagen, zweitens deine Ziele und Planungen und drittens ein Monitoring-System für regelmäßige Überprüfungen. Besonders praktisch sind Apps, die sich mit deinen Bankkonten und Depots verbinden können. So hast du immer einen Live-Überblick über deine finanzielle Situation.

Die Wissenschaft der Bedarfsermittlung

In den letzten Kapiteln habe ich die Faustregel erwähnt, die besagt, dass man im Alter rund 80 Prozent seines letzten Nettogehalts zur Verfügung haben sollte. Dies ist zwar als eine grobe Einordnung hilfreich, aber die moderne Bedarfsermittlung ist viel differenzierter. In der heutigen Zeit gibt es viele neue Möglichkeiten, mit denen du deinen genauen Bedarf ermitteln kannst. Ein innovativer Ansatz ist die „Lifestyle-Analyse". Dabei teilst du deine Ausgaben nicht einfach in fixe und variable Kosten, sondern in Lebensbereiche:

- Basis-Lifestyle: Wohnen, Essen, Grundversorgung
- Aktiv-Lifestyle: Sport, Hobbys, Reisen
- Social Lifestyle: Ausgehen, Familie, Freunde
- Digital Lifestyle: Technik, Unterhaltung, Online-Services

Dieser Ansatz hilft dir, realistischer einzuschätzen, wie sich deine Bedürfnisse im Alter entwickeln werden. Vielleicht wird dein Basis-Lifestyle günstiger, weil die Wohnung abbezahlt ist. Dafür steigt möglicherweise dein Aktiv-Budget, weil du mehr Zeit für Hobbys hast.

Die neue „Three Horizons"-Methode

Ein revolutionärer Ansatz in der Vorsorgeplanung ist die „Three Horizons"-Methode. Statt einen fixen Betrag fürs Alter anzupeilen, planst du in drei Zeithorizonten:

- Horizont 1 (bis zehn Jahre nach Rentenbeginn): die aktive Phase mit hohem Aktivitätslevel und entsprechenden Ausgaben
- Horizont 2 (etwa zehn bis 20 Jahre nach Rentenbeginn): die moderate Phase mit veränderten Aktivitäten und Bedürfnissen
- Horizont 3 (ab 20 Jahre nach Rentenbeginn): die ruhigere Phase mit Fokus auf Gesundheit und Grundbedürfnisse

Dieser Ansatz ist viel realistischer als die klassische „One size fits all"-Planung. Er berücksichtigt, dass sich deine Bedürfnisse und Ausgaben im Laufe des Ruhestands stark verändern werden.

Der digitale Vorsorgekompass

Ein echter Gamechanger in der Vorsorgeplanung sind die neuen KI-gestützten Planungstools. Sie analysieren nicht nur deine aktuelle Situation, sondern simulieren auch verschiedene Zukunftsszenarien. Stell dir vor, du gibst deine aktuellen Daten ein – Alter, Einkommen, bestehende Vorsorge. Das Tool berechnet dann nicht nur eine, sondern Hunderte mögliche Entwicklungen. Besonders spannend ist die Möglichkeit, verschiedene „Was-wäre-wenn"-Szenarien durchzuspielen. Wie wirkt sich eine längere Teilzeitphase aus? Was passiert, wenn die Inflation höher ausfällt als erwartet? Welchen Unterschied macht es, wenn du fünf Jahre länger arbeitest? Diese Simulationen machen abstrakte Zahlen greifbar und helfen dir, bessere Entscheidungen zu treffen.

Ein weiterer Vorteil dieser Tools ist das automatische Tracking deiner Ziele. Angenommen, du möchtest mit 35 Jahren 50.000 Euro in ETFs investiert haben – das System erinnert dich dann regelmäßig an notwendige Anpassungen und zeigt dir, ob du auf Kurs bist. Auf timo-finanztipp.de findest du eine Auswahl der besten Planungstools mit detaillierten Bewertungen.

Die neue Dimension der Vorsorgeplanung

Statt des starren 3-Säulen-Modells (gesetzliche Rentenversicherung, betriebliche und private Altersvorsorge) arbeiten moderne Finanzplaner mit einem dynamischen 4-Säulen-Ansatz. Die erste Säule bildet dein Basis-Portfolio für die Grundsicherung. Hier geht es nicht nur um die gesetzliche Rente, sondern auch um sichere, festverzinsliche

Anlagen. Das Wachstums-Portfolio als zweite Säule fungiert als Motor für deinen Vermögensaufbau, wobei Aktien-ETFs und chancenreiche Anleihen eine wichtige Rolle spielen. Die dritte Säule, das Flexibilitäts-Portfolio, dient als Puffer für unerwartete Ereignisse oder Chancen. Hier sind vor allem liquide Mittel und flexible Anlageformen gefragt. Das Lifestyle-Portfolio als vierte Säule ist dein persönliches Spaßbudget für besondere Wünsche und Träume im Alter. In diesem Bereich kannst du auch mal in spannende neue Anlageformen oder Projekte investieren.

Das Besondere an diesem Modell ist seine Anpassungsfähigkeit. Du justierst die Gewichtung der Säulen regelmäßig entsprechend deiner Lebenssituation. In jungen Jahren liegt der Fokus vielleicht stark auf dem Wachstums-Portfolio, während später das Basis-Portfolio an Bedeutung gewinnt.

Der persönliche Vorsorgerhythmus

Vorsorgeplanung ist keine einmalige Sache, sondern ein dynamischer Prozess. Dein Leben verändert sich ständig – und deine Vorsorgestrategie muss sich anpassen. Besonders wichtig sind die Übergangsphasen: der Start ins Berufsleben, Familiengründung, Karrieresprünge oder auch unerwartete Ereignisse wie Krankheit oder Jobverlust. Nimm dir in solchen Übergangsphasen bewusst Zeit für eine Neuausrichtung deiner Vorsorgestrategie. Überprüfe, ob deine bisherigen Annahmen noch stimmen. Vielleicht haben sich deine Prioritäten verschoben, oder neue Möglichkeiten haben sich aufgetan. Je flexibler dein Vorsorgeplan ist, desto besser kann er sich an veränderte Lebensumstände anpassen.

Entwickle daher deinen persönlichen Vorsorgerhythmus, der zu deinem Leben passt. Ein monatlicher Quick-Check von etwa zehn Minuten reicht oft schon aus, um den Überblick zu behalten. Dabei wirfst du einen kurzen Blick auf deine Vorsorgeziele und überprüfst, ob alles nach Plan läuft.

Vierteljährlich lohnt sich dann eine etwas ausführlichere Analyse. Nimm dir eine Stunde Zeit, um deine Vermögensentwicklung genauer unter die Lupe zu nehmen. Wie haben sich deine verschiedenen Anlagen entwickelt? Stimmt die Verteilung noch? Manchmal zeigt sich dabei, dass Anpassungen nötig sind.

Einmal im Jahr solltest du dir mehrere Stunden für dein persönliches Strategie-Meeting nehmen. Das klingt zwar nach viel Zeit, aber da es um deine finanzielle Zukunft geht, sollte es dir das wert sein. In dieser Jahresanalyse überprüfst du grundlegend deine Ziele, analysierst alle Verträge und planst größere Anpassungen. Auch die steuerliche Optimierung deiner Vorsorge gehört in diese jährliche Bestandsaufnahme.

Die psychologische Komponente

Ein oft unterschätzter Aspekt der Vorsorgeplanung ist die psychologische Seite. Wer kennt das nicht – wir nehmen uns vor, jeden Monat einen bestimmten Betrag fürs Alter zurückzulegen, aber dann kommt das neue Smartphone auf den Markt oder die Freunde planen einen tollen Urlaub. Die Versuchung ist groß, die langfristige Vorsorge für kurzfristige Bedürfnisse zu opfern.

Die Lösung liegt in einem ausgewogenen „Mental Accounting" – einem System, das sowohl die Gegenwart als auch die Zukunft berücksichtigt. Statt dein gesamtes Geld entweder für heute oder morgen zu verplanen, entwickelst du ein Gleichgewicht. Du könntest zum Beispiel dein monatliches Budget in drei mentale Konten aufteilen: eines für aktuelle Bedürfnisse, eines für mittelfristige Ziele und eines für die Altersvorsorge.

Ein weiterer psychologischer Trick ist das „Future Self Thinking". Forschungen haben gezeigt, dass Menschen, die sich ihr zukünftiges Ich lebhaft vorstellen können, besser für die Zukunft vorsorgen. Mach dir konkrete Gedanken darüber, wie du im Alter leben möchtest. Was sind deine Träume und Wünsche? Diese Vorstellung macht die Vorsorge greifbarer und motivierender.

Integration in den Alltag

Die beste Vorsorgestrategie nützt nichts, wenn sie nicht in deinen Alltag passt. Ein moderner Ansatz ist das „Lifestyle-Based Planning“. Dabei integrierst du deine Vorsorgeplanung in deinen normalen Tagesablauf, statt sie als zusätzliche Belastung zu empfinden. Das beginnt bei automatisierten Sparplänen und geht bis zu smarten Erinnerungen für wichtige Finanzchecks.

Neue Technologien machen diese Integration einfacher denn je. Smartwatches können dich beispielsweise an deine monatlichen Finanz-Checkpoints erinnern. Apps analysieren automatisch deine Ausgaben und geben dir Feedback zu deinem Spar- und Konsumverhalten. Das Beste daran: Du behältst den Überblick, ohne ständig aktiv daran denken zu müssen.

Die Macht der Community

Ein spannender Trend ist das „Social Saving“ – die Vernetzung mit Gleichgesinnten in Sachen Vorsorge. In geschlossenen Online-Communitys tauschen sich Menschen über ihre Vorsorgeziele aus, teilen Erfahrungen und motivieren sich gegenseitig. Das funktioniert ähnlich wie eine Laufgruppe beim Sport – gemeinsam fällt es leichter, dranzubleiben.

Dabei geht es nicht darum, persönliche Finanzdaten zu teilen, sondern um den Austausch von Strategien und gegenseitige Unterstützung. Manche Gruppen organisieren regelmäßige „Finanz-Check-ups“, bei denen die Mitglieder ihre Fortschritte besprechen und sich neue Ziele setzen. Diese soziale Komponente macht die oft als trocken empfundene Vorsorgeplanung lebendiger und greifbarer.

Der Blick nach vorn

Die Vorsorgeplanung der Zukunft wird noch individueller und dynamischer. Schon jetzt zeichnet sich ab, dass klassische Rentenmodelle durch flexible Konzepte ergänzt werden. Der Trend geht zu maßgeschneiderten Lösungen, die sich kontinuierlich an deine Lebenssituation anpassen.

Innovative Technologien werden dabei eine immer wichtigere Rolle spielen. Blockchain-basierte Systeme könnten neue Formen der Altersvorsorge ermöglichen. Augmented Reality könnte uns helfen, unsere finanziellen Ziele besser zu visualisieren. Und künstliche Intelligenz wird die Vorsorgeplanung noch präziser und personalisierter machen.

Dein persönlicher Vorsorgeplan muss diese Entwicklungen berücksichtigen. Bleib offen für neue Möglichkeiten, aber verliere dabei nie deine langfristigen Ziele aus den Augen. Die Grundprinzipien einer soliden Vorsorgeplanung – frühzeitiger Beginn, regelmäßige Überprüfung, ausgewogene Streuung – werden auch in Zukunft wichtig bleiben.

Die wichtigste Erkenntnis zum Schluss: Deine Vorsorgeplanung ist so individuell wie du selbst. Es gibt keine Universallösung, die für jeden passt. Mit den richtigen Werkzeugen, einer klaren Strategie und der nötigen Flexibilität kannst du jedoch einen Plan entwickeln, der perfekt zu dir und deinen Zielen passt.

Teil 6

STEUERN VERSTEHEN UND NUTZEN

18
GRUNDLAGEN DES STEUERSYSTEMS – DEIN BEITRAG FÜR DIE GESELLSCHAFT

Viele Menschen verbinden mit dem Wort „Steuern“ zunächst ein unangenehmes Thema. Doch wenn du verstehst, wie unser Steuersystem funktioniert, erschließen sich dir nicht nur viele Möglichkeiten, Geld zu sparen, sondern du erkennst auch, wie unsere Gesellschaft im Kern funktioniert. Steuern sind nämlich viel mehr als nur Geld, das der Staat von uns einfordert – sie sind der Kitt, der unsere Gesellschaft zusammenhält.

Fangen wir ganz vorn an: Der Staat braucht Geld, um seine vielfältigen Aufgaben zu erfüllen. Ohne Steuern gäbe es keine öffentlichen Schulen, keine Autobahnen, keine Polizei und kein funktionierendes Gesundheitssystem. Die Steuereinnahmen ermöglichen es dem Staat, diese grundlegenden Dienstleistungen für alle Bürger bereitzustellen. Das ist übrigens keine moderne Erfindung – schon im alten Ägypten zahlten die Menschen Steuern, damals oft in Form von Naturalien wie Getreide oder Vieh.

Ein zentrales Prinzip unseres Steuersystems ist die soziale Gerechtigkeit. Menschen mit höherem Einkommen zahlen nicht nur absolut, sondern auch prozentual mehr Steuern als Menschen mit niedrigerem Einkommen. Dieses Prinzip nennt man progressiven Steuertarif. Es sorgt dafür, dass stärkere Schultern größere Lasten tragen als schwächere. Das mag auf den ersten Blick ungerecht erscheinen, hat aber einen tieferen Sinn: Wer viel verdient, profitiert auch besonders stark von der staatlichen Infrastruktur und sollte entsprechend mehr zu ihrer Finanzierung beitragen.

In Deutschland haben wir verschiedene Arten von Steuern, die sich grob in direkte und indirekte Steuern einteilen lassen. Die wichtigste direkte Steuer ist die **Einkommensteuer**. Sie wird direkt von deinem Gehalt abgezogen, bevor es auf deinem Konto landet. Der Steuersatz beginnt bei null Prozent für sehr niedrige Einkommen und steigt schrittweise an. Ab einem zu versteuernden Einkommen von 277.826 Euro (Stand 2025) erreicht er den Höchstsatz von 45 Prozent. Dieser Höchststeuersatz wird auch „Reichensteuer" genannt.

Abb. 13: Einkommensteuersatz gemäß zu versteuerndem Einkommen

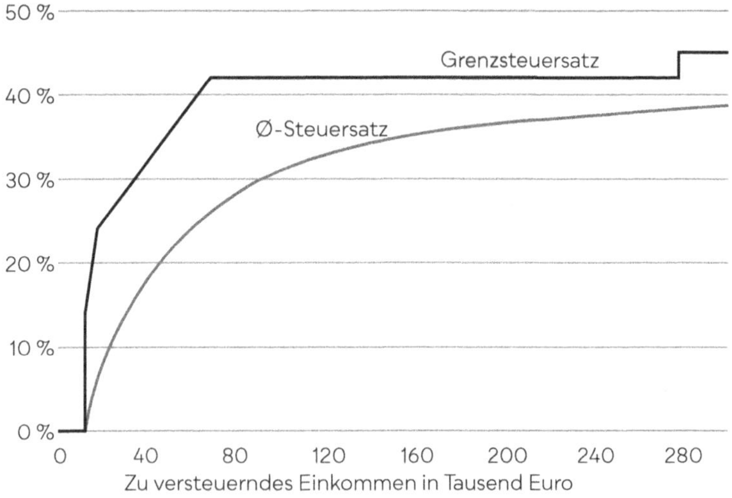

Ab einem Einkommen von 68.481 Euro brutto werden 42 Prozent Einkommensteuer fällig. Der durchschnittliche Steuersatz beträgt bei diesem Einkommen 26 Prozent.

Quelle: Bundesministerium für Finanzen

Die bekannteste indirekte Steuer ist die **Mehrwertsteuer**, die du bei jedem Einkauf zahlst. Der normale Satz beträgt 19 Prozent, für bestimmte Güter des täglichen Bedarfs gilt ein ermäßigter Satz von sieben

Prozent. Interessant ist die Logik dahinter: Grundnahrungsmittel, Bücher oder Fahrkarten für öffentliche Verkehrsmittel werden niedriger besteuert, um diese wichtigen Güter für alle erschwinglich zu halten. Luxusartikel dagegen werden mit dem vollen Satz besteuert.

Eine besonders wichtige Steuer für deine finanzielle Zukunft ist die bereits erwähnte **Kapitalertragsteuer**. Sie fällt an, wenn du mit von dir investiertem Kapital Geld verdienst – also durch Zinsen, Dividenden oder Kursgewinne aus Aktiengeschäften. Der Steuersatz beträgt einheitlich 25 Prozent plus Solidaritätszuschlag und Kirchensteuer. Das klingt erst mal nach viel, aber es gibt den wichtigen Freibetrag, den ich dir in Kapitel 15 vorgestellt habe.

Wahl der richtigen Steuerklasse

Ein komplexer, aber wichtiger Teil unseres Steuersystems sind die Steuerklassen. Sie bestimmen, wie viel Lohnsteuer direkt von deinem Gehalt einbehalten wird. Es gibt insgesamt sechs verschiedene Steuerklassen, die sich nach deinem Familienstand und deiner persönlichen Situation richten. Das System mag auf den ersten Blick verwirrend erscheinen, folgt aber einer klaren Logik.

Die Steuerklasse 1 ist der Standardfall für Singles. Hier werden die Steuern nach dem normalen Tarif berechnet. Für Ledige und Geschiedene, die alleinerziehend sind, wurde die Steuerklasse 2 geschaffen. Die Steuerklassen 3 und 5 sind für Eheleute gedacht und werden meist so aufgeteilt, dass der Besserverdiener die günstigere Klasse 3 erhält. Die Steuerklasse 4 können beide Ehepartner wählen, wenn sie etwa gleich viel verdienen. In Steuerklasse 6 landen alle Nebenjobs – hier wird besonders viel Steuer einbehalten.

Abb. 14: Steuerklassen

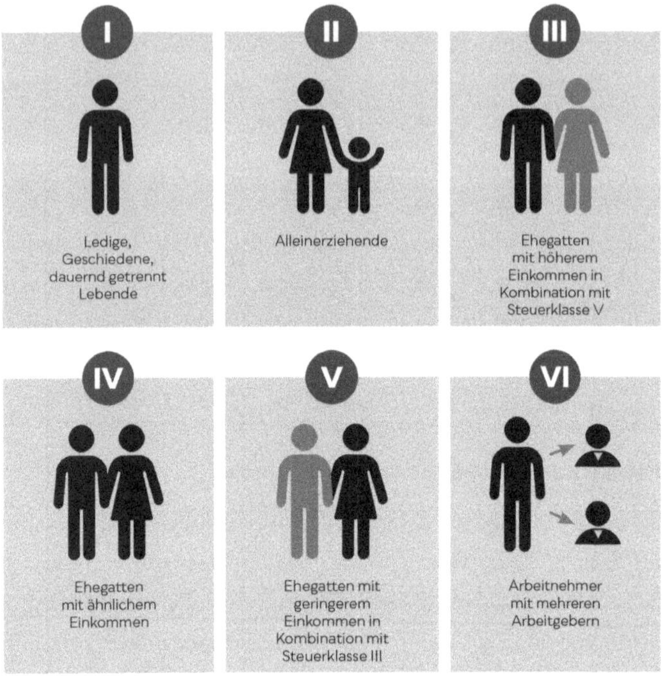

Deine Steuerklasse wirkt sich unmittelbar auf deine Abzüge aus. Sobald sich dein Familienstand ändert, solltest du ein Auge darauf haben, dass du der richtigen Steuerklasse zugeordnet bist.

Steuern zwischen Wirtschaftslenkung, Gerechtigkeit und globalen Herausforderungen

Besonders spannend wird es bei der Frage, wie Steuern die Wirtschaft beeinflussen. Steuern sind nämlich nicht nur ein Mittel zur Geldbeschaffung, sondern auch ein wichtiges Instrument der Wirtschaftspolitik. Durch gezielte Steuervergünstigungen kann der Staat das Verhalten der Menschen und Unternehmen lenken. Ein Beispiel dafür ist die Förderung erneuerbarer Energien durch Steuererleichterungen oder die steuerliche Begünstigung von Elektroautos.

Das deutsche Steuersystem basiert dabei auf wichtigen verfassungsrechtlichen Grundsätzen. Einer davon ist das Leistungsfähigkeitsprinzip: Jeder soll entsprechend seiner wirtschaftlichen Leistungsfähigkeit zur Finanzierung des Gemeinwesens beitragen. Ein weiterer Grundsatz ist das Gleichheitsprinzip: Gleiche wirtschaftliche Sachverhalte sollen gleich besteuert werden. Diese Prinzipien klingen abstrakt, haben aber ganz praktische Auswirkungen auf die Gestaltung unserer Steuergesetze.

Die Globalisierung stellt unser Steuersystem vor neue Herausforderungen. Große internationale Konzerne nutzen geschickt die Unterschiede zwischen verschiedenen nationalen Steuersystemen aus. Sie verschieben Gewinne in Länder mit niedrigen Steuersätzen und minimieren so ihre Steuerlast. Das führt zu einer unfairen Situation: Während kleine und mittlere Unternehmen ihre Steuern in Deutschland zahlen müssen, können sich große Konzerne dieser Verantwortung teilweise entziehen. Deshalb arbeiten internationale Organisationen wie die OECD und G20 an gemeinsamen Regeln, um solche Praktiken einzudämmen.

Ein weiterer wichtiger Aspekt ist die Generationengerechtigkeit im Steuersystem. Die demografische Entwicklung stellt uns vor große Herausforderungen: Immer weniger Erwerbstätige müssen die Renten und Pensionen von immer mehr Ruheständlern finanzieren. Das wird in Zukunft zu steigenden Steuern und Abgaben führen. Gleichzeitig müssen wir massive Investitionen in den Klimaschutz und die digitale Infrastruktur stemmen. Die schon jetzt relevante Frage, wie diese Lasten fair zwischen den Generationen verteilt werden können, wird uns daher auch in den kommenden Jahren intensiv beschäftigen.

Das Steuersystem im internationalen Vergleich und seine gesellschaftliche Bedeutung

Ein faszinierender Aspekt des Steuersystems ist der internationale Vergleich. Jedes Land hat sein eigenes Steuersystem, das die jeweiligen gesellschaftlichen Werte und Prioritäten widerspiegelt. In Skandinavien beispielsweise sind die Steuersätze deutlich höher als in Deutschland, dafür gibt es aber auch mehr staatliche Leistungen. Die USA hingegen haben niedrigere Steuern, erwarten dafür aber mehr private Vorsorge von ihren Bürgern.

Die Steuermoral spielt eine wichtige Rolle für das Funktionieren unseres Systems. In Deutschland ist sie im internationalen Vergleich relativ hoch – die meisten Menschen zahlen ihre Steuern ordnungsgemäß. Das liegt auch daran, dass wir ein vergleichsweise transparentes System haben. Jeder kann nachvollziehen, wofür Steuergelder verwendet werden. Der Bundeshaushalt wird öffentlich diskutiert und verschiedene Organisationen überwachen die Verwendung der Steuergelder.

Ein besonders wichtiger Punkt für junge Menschen ist das Verständnis für neue Steuerkonzepte. Die Herausforderungen unserer Zeit – vom Klimawandel bis zur digitalen Revolution – erfordern möglicherweise neue Formen der Besteuerung. Diskutiert werden beispielsweise eine CO2-Steuer, eine Finanztransaktionsteuer oder eine Robotersteuer. Diese Konzepte zeigen, dass unser Steuersystem nicht in Stein gemeißelt ist, sondern sich weiterentwickeln muss.

Die Steuerpolitik ist dabei immer auch ein Spiegelbild gesellschaftlicher Debatten. Sollen wir umweltschädliches Verhalten stärker besteuern? Wie können wir die zunehmende Ungleichheit in der Gesellschaft durch das Steuersystem abmildern? Sollten wir Vermögen stärker besteuern? Diese Fragen werden kontrovers diskutiert und es gibt dafür keine einfachen Antworten.

Das Wichtigste zum Schluss: Steuern sind keine Strafe, sondern dein Beitrag zur Finanzierung unseres Gemeinwesens. Je besser du das System verstehst, desto eher kannst du legale Möglichkeiten zur Steueroptimierung nutzen. Auf timo-finanztipp.de findest du Steuerrechner für deine persönliche Situation. Im nächsten Kapitel zeige ich dir, wie du mit einer geschickten Steuererklärung Geld vom Staat zurückbekommen kannst und welche Ausgaben du von der Steuer absetzen darfst. Denn eines ist klar: Steuern zahlen müssen wir alle – aber niemand muss mehr zahlen als nötig.

19
DIE STEUERERKLÄRUNG – DEIN WEG ZUM STEUER-PROFI

Zugegeben, das Thema Steuererklärung klingt erst mal so spannend wie das Trocknen von Wandfarbe. Aber lass mich dir zeigen, warum es sich lohnt, sich damit zu beschäftigen. Denn am Ende geht es um dein hart verdientes Geld – und davon kannst du sicher mehr gebrauchen als das Finanzamt. Die große Frage zu Beginn lautet natürlich: Musst du überhaupt eine Steuererklärung abgeben? Die Antwort ist: Es kommt darauf an. Es gibt Fälle, in denen du zur Abgabe verpflichtet bist, und andere, in denen es freiwillig und trotzdem sehr lukrativ sein kann. Schauen wir uns das genauer an.

Zur Abgabe verpflichtet bist du zum Beispiel, wenn du neben deinem Hauptjob weitere Einkünfte von mehr als 410 Euro im Jahr hast. Das können Mieteinnahmen sein, Zinsen aus Geldanlagen oder Honorare aus freiberuflicher Tätigkeit. Auch wenn du Lohnersatzleistungen wie Arbeitslosengeld, Krankengeld oder Elterngeld bekommen hast, musst du ran an die Steuererklärung.

Ein weiterer häufiger Fall ist die Kombination mehrerer Jobs. Sobald du im gleichen Jahr bei verschiedenen Arbeitgebern angestellt warst und dafür Lohnsteuer gezahlt hast, will das Finanzamt eine Erklärung von dir sehen. Der Grund ist einfach: Jeder Arbeitgeber berechnet die Lohnsteuer nur für sein gezahltes Gehalt. Wenn sich aber alle Einkünfte addieren, könnte ein höherer Steuersatz fällig werden.

Auch bei bestimmten Steuerklassenkombinationen bei Ehepaaren – insbesondere, wenn einer die Klasse 3 und der andere die Klasse 5 hat – ist die Abgabe Pflicht. Das liegt daran, dass diese Kombination während des Jahres zu einer sehr ungleichen Steuerbelastung führt, die am Jahresende ausgeglichen werden muss.

Aber selbst wenn du nicht zu diesem Pflichtkreis gehörst, kann sich eine freiwillige Steuererklärung richtig lohnen. Die Statistik spricht eine deutliche Sprache: Im Durchschnitt bekommen Arbeitnehmer über 1.000 Euro zurück. Bei manchen sind es sogar deutlich mehr. Wie kann das sein? Ganz einfach: Dein Arbeitgeber behält während des Jahres automatisch Lohnsteuer ein. Dabei geht er von Durchschnittswerten aus und berücksichtigt viele individuelle Faktoren nicht, die deine Steuerlast mindern könnten.

Ein klassisches Beispiel: Maria ist Berufseinsteigerin und pendelt jeden Tag 30 Kilometer zu ihrer Arbeit. Ihr Arbeitgeber zieht jeden Monat brav Lohnsteuer ab, berücksichtigt aber ihre Fahrtkosten nicht. In der Steuererklärung kann sie diese als Werbungskosten geltend machen – pro Kilometer der einfachen Strecke 30 Cent. Bei 220 Arbeitstagen im Jahr macht das schon 1.980 Euro. Zusammen mit anderen Ausgaben kommt sie deutlich über die Werbungskostenpauschale von 1.230 Euro und bekommt einen schönen Batzen Geld zurück.

Ein weiteres Plus der freiwilligen Steuererklärung: Du kannst sie bis zu vier Jahre rückwirkend einreichen. Für das Jahr 2023 hast du also bis Ende 2027 Zeit. Das gibt dir die Möglichkeit, dich in Ruhe einzuarbeiten und auch ältere Jahre noch mitzunehmen. Allerdings rate ich dir, nicht so lange zu warten – schließlich ist es dein Geld, das beim Finanzamt liegt.

Das Finanzamt gibt es auch in Digital

Die moderne Steuererklärung ist übrigens komplett digital. Das zentrale Portal dafür heißt ELSTER – was übrigens für „Elektronische Steuererklärung" steht. Vorbei sind die Zeiten, in denen du Papierformulare ausfüllen und zur Post bringen musstest. Das spart nicht nur Papier, sondern macht die ganze Sache auch deutlich einfacher. Die Anmeldung bei ELSTER ist allerdings ein kleines Abenteuer für sich.

Du brauchst einen Aktivierungscode, der aus Sicherheitsgründen per Post kommt. Ja, du hast richtig gehört – das digitale System schickt dir einen Brief. Das dauert etwa eine Woche und kann am Anfang etwas nervig sein. Aber dieser einmalige Aufwand lohnt sich, denn danach läuft vieles automatisch ab. Inzwischen kannst du nach der Aktivierung deines Accounts auch eine zusätzliche App von ELSTER verwenden, mit der der Login etwas einfacher geht. Bist du im Besitz eines Lesegeräts für Personalausweise, kannst du dir diesen Prozess übrigens ersparen.

Einmal registriert, ist das System richtig clever. Es zieht sich viele Informationen selbstständig. Deine Lohnsteuerbescheinigung vom Arbeitgeber? Liegt schon bereit. Beiträge zur Krankenversicherung? Sind bereits eingetragen. Riester-Verträge oder andere Vorsorgeaufwendungen? Alles da. Du musst die Daten nur noch prüfen und bestätigen. Dafür musst du ELSTER nur einmalig deine Erlaubnis erteilen. Dies findest du recht einfach in den Einstellungen.

Absetzen, was geht

Ein besonders spannender Bereich sind die Werbungskosten. Das sind alle Ausgaben, die mit deinem Job zusammenhängen. Die Liste ist länger, als du vielleicht denkst. Natürlich gehören Fahrtkosten zur Arbeit dazu – bei einem Arbeitsweg von 25 Kilometern und 220 Arbeitstagen im Jahr macht das schon 1.650 Euro. Aber es gibt noch viel mehr.

Dein Arbeitszimmer zum Beispiel. Seit wenigen Jahren gibt es dafür eine Homeoffice-Pauschale: maximal 1.260 Euro im Jahr. Du brauchst dafür nicht mal mehr einen separaten Raum. Hauptsache, du arbeitest überwiegend von zu Hause. Auch dein Schreibtisch, dein Bürostuhl oder deine Schreibtischlampe sind absetzbar – das nennt sich dann Arbeitsmittel.

Weiterbildungen sind ein weiterer wichtiger Punkt. Der Grundsatz lautet: Wenn die Fortbildung deinem aktuellen oder künftigen Beruf nützt, kannst du die Kosten absetzen. Das gilt für Kursgebühren, Fachliteratur, Fahrtkosten zum Kursort und sogar Übernachtungskosten, wenn der Kurs nicht an deinem Wohnort stattfindet. Ein Beispiel: Thomas arbeitet in der IT und macht einen Programmierkurs, der 2.000 Euro kostet. Da der Kurs seine beruflichen Kenntnisse erweitert, kann er die kompletten Kosten als Werbungskosten geltend machen. Den Spanischkurs für seinen nächsten Urlaub muss er dagegen selbst zahlen – es sei denn, er braucht Spanisch für seinen Job.

Bei technischen Geräten wie deinem Laptop oder deinem Smartphone gilt eine wichtige Regel: Kosten sie mehr als 800 Euro netto, musst du sie über mehrere Jahre abschreiben. Das nennt sich „Absetzung für Abnutzung“ oder kurz AfA. Ein Laptop für 1.200 Euro wird zum Beispiel über drei Jahre abgeschrieben, also 400 Euro pro Jahr.

Das Finanzamt berücksichtigt automatisch eine Werbungskostenpauschale von 1.230 Euro – auch wenn du gar keine Ausgaben nachweisen kannst. Erst wenn deine tatsächlichen Kosten höher sind, lohnt es sich, diese einzeln aufzuführen. Deswegen ist eine gute Dokumentation so wichtig.

Neben den Werbungskosten gibt es die Kategorie der Sonderausgaben. Das sind private Ausgaben, die der Staat steuerlich fördert. An erster Stelle stehen dabei deine Versicherungsbeiträge. Die Beiträge zur Kranken- und Pflegeversicherung sowie zur Renten- und Arbeitslosenversicherung kannst du komplett absetzen.

Auch private Vorsorge wird belohnt. Beiträge zur Riester-Rente, Rürup-Rente oder zu einer Berufsunfähigkeitsversicherung mindern dein zu versteuerndes Einkommen. Allerdings gibt es Höchstbeträge, die du beachten musst. Die Details dazu haben wir bereits im Kapitel über Altersvorsorge besprochen.

Ein weiterer wichtiger Punkt sind Spenden. Ob für gemeinnützige Organisationen, Kirchen oder politische Parteien – Spenden kannst du bis zu einer bestimmten Höhe von der Steuer absetzen. Bei den meisten Spenden liegt die Grenze bei 20 Prozent deines Gesamteinkommens. Die Spendenbescheinigung, auch „Zuwendungsbestätigung“

genannt, brauchst du übrigens nicht mehr einzureichen. Aufbewahren musst du sie trotzdem.

Besonders interessant für Studenten sind die Ausbildungskosten. Hier muss man allerdings genau unterscheiden: Kosten für die erste Berufsausbildung oder das Erststudium sind nur begrenzt als Sonderausgaben absetzbar – maximal 6.000 Euro pro Jahr. Das Problem dabei: Die meisten Studenten haben so wenig Einkommen, dass sie davon nicht profitieren.

Anders sieht es bei einem Zweitstudium oder einer zweiten Ausbildung aus. Diese Kosten gelten als vorweggenommene Werbungskosten und können unbegrenzt geltend gemacht werden. Der große Vorteil: Entstehen dadurch Verluste, kannst du diese in die Zukunft vortragen und später mit deinem Einkommen verrechnen.

Ein Beispiel macht das klarer: Sarah studiert nach ihrer Ausbildung zur Erzieherin noch Sozialpädagogik. Die Kosten für Studiengebühren, Fachliteratur und ihre WG-Miete am Studienort summieren sich auf 15.000 Euro im Jahr. Da sie nur einen kleinen Nebenjob hat, entstehen Verluste. Diese kann sie später, wenn sie als Sozialpädagogin arbeitet, mit ihrem Gehalt verrechnen. Bei einem Steuersatz von 30 Prozent spart sie dann richtig Geld.

Eine weitere wichtige Kategorie sind die außergewöhnlichen Belastungen. Darunter fallen Kosten, die zwangsläufig entstehen und höher sind als bei den meisten anderen Menschen mit vergleichbarem Einkommen. Klassische Beispiele sind Krankheitskosten, die deine Krankenversicherung nicht übernimmt, oder Pflegekosten für Angehörige.

Allerdings gibt es hier einen Haken: Du musst einen Teil dieser Kosten selbst tragen – die sogenannte zumutbare Belastung. Diese liegt je nach Einkommen und Familienstand zwischen einem und sieben Prozent deines Gehalts. Erst was darüber liegt, wirkt sich steuermindernd aus.

Hierzu ein Beispiel: Julia verdient 35.000 Euro im Jahr und ist alleinstehend. Ihre zumutbare Belastung beträgt sechs Prozent, also 2.100

Euro. Sie braucht eine neue Brille für 800 Euro und zahlt für Physiotherapie weitere 1.500 Euro – zusammen 2.300 Euro. Da dieser Betrag ihre zumutbare Belastung nur um 200 Euro übersteigt, kann sie auch nur diese 200 Euro steuerlich geltend machen.

Nutze kleine Helferlein

Klingt alles ziemlich kompliziert? Keine Sorge, es gibt viele Hilfsmittel, die dir die Arbeit erleichtern. Die wichtigste Grundlage ist eine gute Organisation. Ich empfehle dir, direkt zu Jahresbeginn ein System aufzubauen. Das kann ein digitaler Ordner auf deinem Computer sein oder eine klassische Ablage – Hauptsache, du findest alles wieder.

Sortiere deine Belege am besten nach Kategorien: „Arbeitsmittel", „Fortbildung", „Gesundheitskosten" und so weiter. Viele Belege bekommst du heutzutage schon digital. Speichere sie direkt im richtigen Ordner ab oder nutze eine der vielen Scan-Apps für Papierbelege. Das spart nicht nur Platz, sondern macht die Steuererklärung am Jahresende auch viel einfacher.

Die Fristen für die Steuererklärung sind übrigens recht großzügig bemessen. Für die Pflichtveranlagung hast du in der Regel bis zum 31. Juli des Folgejahres Zeit. Mit Steuerberater oder Lohnsteuerhilfeverein verlängert sich die Frist sogar bis Ende Februar des übernächsten Jahres. Bei der freiwilligen Erklärung hast du wie erwähnt sogar vier Jahre Zeit.

Wenn du die Frist nicht einhalten kannst, ist das kein Weltuntergang. Du kannst beim Finanzamt eine Verlängerung beantragen. Das geht formlos und wird meist problemlos genehmigt. Wichtig ist nur, dass du den Antrag vor Ablauf der ursprünglichen Frist stellst. Eine Verlängerung um sechs Monate ist durchaus machbar.

Für die Erstellung deiner Steuererklärung stehen dir verschiedene Werkzeuge zur Verfügung. ELSTER ist zwar kostenlos, aber nicht besonders benutzerfreundlich. Einfacher sind spezielle Steuerprogramme wie WISO Steuer, Tax oder Smartsteuer. Sie kosten zwar etwa 30 Euro pro Jahr, führen dich aber mit vielen Tipps durch die Erklärung und rechnen auch aus, wie viel Erstattung du erwarten kannst.

Diese Programme haben noch einen weiteren Vorteil: Sie merken sich deine Daten vom Vorjahr. Das spart nicht nur Zeit, sondern hilft dir auch, nichts zu vergessen. Außerdem weisen sie dich auf neue Steuersparoptionen hin und warnen, wenn etwas unplausibel erscheint.

Studium und Steuern

Ein besonders wichtiges Thema für junge Menschen sind die steuerlichen Besonderheiten beim BAföG. Hier gibt es einige interessante Regelungen: Der Zuschussanteil des BAföG – also der Teil, den du nicht zurückzahlen musst – ist komplett steuerfrei. Du musst ihn nicht mal in der Steuererklärung angeben. Den Darlehensanteil, den du später zurückzahlst, kannst du dann in den Jahren der Rückzahlung als Sonderausgaben geltend machen.

Apropos Studium: Viele Studenten machen sich keine Gedanken über eine Steuererklärung, weil sie denken, sie verdienen zu wenig. Das ist oft ein teurer Fehler. Denn selbst wenn du unter dem Grundfreibetrag von 12.096 Euro (Stand 2025) liegst, kann sich eine Erklärung lohnen. Zum einen bekommst du die komplette Lohnsteuer zurück, wenn du einen Nebenjob hast. Zum anderen sammelst du wertvolle Verlustvorträge für die Zukunft.

Auch beim Übergang ins Berufsleben gibt es einige Besonderheiten. Die Kosten für Bewerbungen zum Beispiel – egal ob Fotos, Kopien, Porto oder Fahrtkosten zu Vorstellungsgesprächen – kannst du als Werbungskosten geltend machen. Gleiches gilt für Umzugskosten, wenn du für den Job in eine andere Stadt ziehst.

Ein weiterer wichtiger Punkt sind die Steuerfreibeträge. Den Grundfreibetrag von 12.096 Euro kennen die meisten. Aber es gibt noch viele weitere: den Sparerpauschbetrag für Kapitalerträge (1.000 Euro), den Übungsleiter-Freibetrag für nebenberufliche Tätigkeiten in Sport oder Kultur (3.000 Euro) oder den Ehrenamt-Freibetrag (840 Euro).

Bei aller Komplexität des Steuersystems gibt es einen wichtigen Grundsatz: Du kannst nichts falsch machen. Das Finanzamt prüft deine Angaben und fragt nach, wenn etwas unklar ist. Im schlimmsten Fall werden bestimmte Ausgaben nicht anerkannt – aber Ärger bekommst du deswegen nicht. Solange du ehrlich bist und keine Belege fälschst, bist du auf der sicheren Seite.

Ein letzter, aber wichtiger Hinweis: Das Steuerrecht ändert sich ständig. Was dieses Jahr gilt, kann nächstes Jahr schon wieder anders sein. Neue Urteile der Finanzgerichte, Gesetzesänderungen oder Verwaltungsanweisungen können die Regeln verändern. Deswegen ist es wichtig, immer auf dem Laufenden zu bleiben. Mir war es an dieser Stelle wichtig, dir einen ersten Überblick über die Steuererklärung zu geben. Da ich aber kein geprüfter Steuerberater bin, kann und darf ich dir keine tieferen Einblicke geben. Hast du weitere Fragen, wende dich am besten an einen Steuerberater, vereinbare einen Termin bei der Lohnsteuerhilfe oder versuche es mit einem Anruf im Finanzamt. Beachte außerdem, dass deine Steuererklärung deutlich an Komplexität gewinnt, wenn du beispielsweise Immobilien vermietest oder ein Gewerbe betreibst. Spätestens ab diesem Punkt solltest du eine individuelle Beratung suchen.

Im nächsten Kapitel geht es um die spannende Verbindung von Steuern und Investitionen. Du wirst sehen, wie du durch geschickte Anlagestrategien nicht nur Rendite erwirtschaften, sondern auch Steuern sparen kannst. Denn auch hier gilt: Clever investieren und legal Steuern sparen – eine Kombination, die sich richtig lohnt!

20
SPEZIELLE STEUERASPEKTE BEI MODERNEN INVESTMENTS

Während wir die Grundlagen der Kapitalertragsbesteuerung bereits kennen, ergründen wir nun Bereiche, die besonders für junge Anleger relevant sind. Die Steuerlandschaft verändert sich ständig, gerade bei modernen Anlageformen. Wer hier den Überblick behält, kann bares Geld sparen.

Kryptowährungen und Steuern – ein komplexes Thema

Die steuerliche Behandlung von Bitcoin, Ethereum und Co unterscheidet sich fundamental von klassischen Kapitalanlagen. Anders als bei Aktien oder Fonds greift hier nicht die Abgeltungsteuer. Stattdessen fallen Kryptogewinne unter die „sonstigen Einkünfte aus privaten Veräußerungsgeschäften". Das bedeutet konkret: Wenn zwischen Kauf und Verkauf mehr als zwölf Monate liegen, sind die Gewinne komplett steuerfrei.

Ein konkretes Beispiel macht das deutlich: Du kaufst für 1.000 Euro Bitcoin und verkaufst sie nach 13 Monaten für 4.000 Euro. Die 3.000 Euro Gewinn bleiben komplett steuerfrei. Hättest du schon nach elf Monaten verkauft, müsstest du den Gewinn mit deinem persönlichen Steuersatz versteuern. Bei einem Steuersatz von 42 Prozent wären das satte 1.260 Euro Steuern.

Komplizierter wird es beim „Staking" oder „Lending" von Kryptowährungen. Sobald du mit deinen Coins zusätzliche Erträge generierst, verlängert sich die Haltefrist auf zehn Jahre. Die Begründung des Gesetzgebers: Hier liegt eine „Nutzung" der Kryptowährungen vor, ähnlich wie bei der Vermietung einer Immobilie.

Das Mining von Kryptowährungen wird nochmals anders eingestuft. Betreibst du Mining in größerem Umfang, kann das sogar als gewerbliche Tätigkeit gelten. Dann fallen nicht nur Einkommensteuer, sondern auch Gewerbesteuer an. Die Grenze zwischen Hobby und Gewerbe ist dabei fließend. Wichtige Kriterien sind der zeitliche Aufwand, die Höhe der Investitionen und die Regelmäßigkeit der Einnahmen.

Besonders tückisch sind Trades zwischen verschiedenen Kryptowährungen. Jeder Tausch gilt steuerlich als Veräußerung. Wenn du also Bitcoin in Ethereum tauschst, musst du den Gewinn oder Verlust in Euro berechnen und versteuern – auch wenn du gar nicht in Euro verkauft hast.

Ein weiteres Minenfeld sind die „Airdrops" – also kostenlose Token-Verteilungen. Das Finanzamt sieht darin meist eine Art Arbeitslohn oder sonstige Einkünfte, die sofort versteuert werden müssen. Das kann problematisch werden, wenn die Token später wertlos werden – die Steuer bleibt trotzdem bestehen.

Bei der Dokumentation von Krypto-Trades ist höchste Sorgfalt geboten. Anders als bei klassischen Banken gibt es keine standardisierten Jahressteuerbescheinigungen. Du musst alle Transaktionen selbst dokumentieren. Dabei gilt das „First In, First Out"(FIFO)-Prinzip: Bei einem Verkauf werden immer die ältesten Coins zuerst verkauft. Das kann die Steuerberechnung ziemlich kompliziert machen, besonders wenn du auf verschiedenen Börsen handelst. Viele Kryptobörsen bieten mittlerweile Steuerreports an, aber Vorsicht: Diese sind nicht immer vollständig oder korrekt.

Ein besonderer Aspekt sind die Handelsgebühren bei Krypto-Transaktionen. Diese kannst du von deinen steuerpflichtigen Gewinnen abziehen. Das gilt auch für die „Gas Fees" bei Ethereum-Transaktionen. Auch Verluste aus Krypto-Trades können mit Gewinnen verrechnet werden – allerdings nur innerhalb der gleichen Einkunftsart.

Die steuerliche Behandlung von NFTs (Non-Fungible Token) ist noch weitgehend ungeklärt. Je nach Art des NFTs und deiner Aktivitäten können verschiedene Steuerregeln greifen. Handelst du regelmäßig mit NFTs, kann das schnell als gewerbliche Tätigkeit eingestuft werden.

Spezielle Steuervorteile beim ETF-Investment – die versteckten Chancen

Die Teilfreistellung bei Fonds ist ein echter Steuervorteil, den viele übersehen. Bei Aktienfonds bleiben 30 Prozent der Erträge steuerfrei – dabei spielt es keine Rolle, ob es sich um Ausschüttungen oder Kursgewinne handelt. Das hört sich nicht nach viel an, summiert sich aber über die Jahre. Bei einem Gewinn von 10.000 Euro sparst du so etwa 800 Euro Steuern. Interessant wird es bei Mischfonds. Hier hängt der Teilfreistellungssatz von der Aktienquote ab. Bei mindestens 25 Prozent Aktienanteil sind es 15 Prozent Teilfreistellung, ab 51 Prozent Aktienanteil steigt sie auf 30 Prozent. Bei Immobilienfonds liegt die Teilfreistellung sogar bei 60 Prozent, für Immobilienfonds mit Fokus auf ausländische Immobilien sogar bei 80 Prozent.

Ein wichtiger Trick: Die Aktienquote muss nicht konstant sein. Es reicht, wenn sie in den Anlagebedingungen festgeschrieben ist. In der Praxis kann der Fondsmanager die Quote also zeitweise unterschreiten, ohne dass du den Steuervorteil verlierst.

Die Vorabpauschale – ein oft missverstandenes Konzept

Seit 2018 gibt es die sogenannte Vorabpauschale bei thesaurierenden Fonds. Sie soll verhindern, dass Anleger durch Thesaurierung die Steuer endlos aufschieben. Klingt kompliziert? Ist es auch. Im Wesentlichen wird ein Mindestgewinn besteuert, auch wenn du nichts verkaufst.

Die gute Nachricht: Seit 2021 ist der Basiszins, der für die Berechnung verwendet wird, so niedrig, dass praktisch keine Vorabpauschale mehr anfällt. Und wenn doch, wird sie später beim Verkauf angerechnet. Du zahlst die Steuer also nicht doppelt.

Steueroptimierung durch cleveres Timing

Das Timing von Käufen und Verkäufen kann einen großen Unterschied machen. Ein Beispiel: Du planst, Fondsanteile im Wert von 100.000 Euro mit 4.000 Euro Gewinn zu verkaufen. Verkaufst du alles im Dezember 2025, zahlst du auf 2.800 Euro Gewinn Steuern (nach 30 Prozent Teilfreistellung). Verteilst du den Verkauf auf Dezember 2025 und Januar 2026, kannst du den Sparerpauschbetrag zweimal nutzen.

Besonders clever ist das Ausnutzen von absehbaren Einkommensänderungen. Planst du ein Sabbatical oder ein Studium? Dann kann es sinnvoll sein, Gewinne in diese Phase zu verschieben. Bei einem niedrigen zu versteuernden Einkommen kannst du die Günstigerprüfung nutzen und Kapitalerträge mit deinem persönlichen Steuersatz versteuern – der dann möglicherweise unter 25 Prozent liegt.

Die steuerliche Behandlung von Neobroker-Aktivitäten

Die neuen digitalen Broker haben das Investieren revolutioniert. Aber Vorsicht: Steuerlich gelten die gleichen Regeln wie bei klassischen Banken. Ein wichtiger Unterschied: Viele Neobroker bieten Aktiensparpläne mit Bruchstücken an. Steuerlich wird jeder Kauf als separate Transaktion behandelt. Das kann die spätere Gewinnberechnung kompliziert machen.

Eine Besonderheit gibt es bei ausländischen Neobrokern. Sie führen die deutsche Abgeltungsteuer meist nicht automatisch ab. Hier musst du aktiv werden und deine Gewinne in der Steuererklärung angeben. Das gilt übrigens auch für Dividenden, selbst wenn du sie direkt reinvestierst.

Besonders aufpassen musst du bei „Social Trading“ oder dem Kopieren anderer Trader. Jede automatisch ausgeführte Transaktion ist steuerlich relevant. Bei häufigen Trades kann das schnell unübersichtlich werden. Einige Broker bieten zwar Steuerreports an, aber die Verantwortung für die korrekte Versteuerung liegt bei dir.

Die Steuererklärung für moderne Anlageformen

Anders als bei klassischen Bankdepots ist die Steuererklärung bei modernen Anlageformen oft komplexer. Während deine Hausbank automatisch eine perfekte Steuerbescheinigung erstellt, musst du bei Neobrokern und Krypto-Investments meist selbst aktiv werden. Besonders knifflig wird es bei ausländischen Dividenden. Viele Länder erheben eine Quellensteuer, die du dir teilweise zurückholen kannst. Die USA zum Beispiel behalten standardmäßig 30 Prozent deiner Dividenden ein. Dank Doppelbesteuerungsabkommen lässt sich der Einbehalt oft automatisch auf 15 Prozent reduzieren – vorausgesetzt, deine deutsche Bank ist als ‚Qualified Intermediary‘ registriert. Nur bei manchen Brokern musst du vorher Formulare wie das W-8BEN einreichen.

Ein häufiges Problem sind auch die verschiedenen Verlustverrechnungstöpfe. Verluste aus Aktiengeschäften landen in einem anderen Topf als Verluste aus Zertifikaten oder Kryptowährungen. Die Verrechnung zwischen diesen Töpfen ist nur eingeschränkt möglich. Besonders ärgerlich: Aktienverluste können nur mit Aktiengewinnen verrechnet werden, nicht aber mit Dividenden oder anderen Kapitalerträgen.

Beim Ausfüllen der Steuererklärung ist die Anlage KAP dein wichtigster Freund. Hier trägst du alle Kapitalerträge ein, die nicht der Abgeltungsteuer unterliegen oder bei denen du eine Günstigerprüfung beantragen willst. Für Kryptowährungen und andere private Veräußerungsgeschäfte gibt es die Anlage SO.

Die Zukunft der Investmentbesteuerung

Die Steuerlandschaft ist ständig in Bewegung. Ein heißes Thema ist die mögliche Finanztransaktionsteuer. Sie würde jede Wertpapiertransaktion mit einer kleinen Abgabe belegen. Frankreich und Italien haben sie bereits eingeführt, in Deutschland wird noch darüber diskutiert. Spannend ist auch die Entwicklung bei nachhaltigen Investments. Die EU plant im Rahmen ihres „Green Deal" steuerliche Anreize für klimafreundliche Investments. Einige Länder haben bereits Steuervergünstigungen für grüne Anleihen eingeführt.

Ein weiterer Trend sind die sogenannten „Token-Investments". Dabei werden reale Vermögenswerte wie Immobilien oder Kunstwerke in digitale Token aufgeteilt. Die steuerliche Behandlung ist hier noch weitgehend unklar. Je nach Ausgestaltung können sie als Wertpapiere, Kryptowährungen oder sogar als Unternehmensanteile eingestuft werden.

Auch das Thema Altersvorsorge bleibt steuerlich spannend. Die komplette Besteuerung der Renten ab 2058 wird kontrovers diskutiert. Gleichzeitig gibt es Bestrebungen, die private Vorsorge stärker steuerlich zu fördern. Ein diskutiertes Modell ist das „Generationenkapital" – eine staatlich organisierte Aktienrente mit besonderen Steuervorteilen.

Die Vermögensteuer könnte ebenfalls ein Comeback feiern. Mehrere Parteien fordern ihre Wiedereinführung. Das würde auch Aktien und andere Wertpapiere betreffen, wobei vermutlich hohe Freibeträge gelten würden.

Teil 7

WOHNEN – MIETE ODER EIGENTUM?

21
DER ERSTE EIGENE WOHNRAUM – EIN GROSSER SCHRITT IN DIE UNABHÄNGIGKEIT

Die eigenen vier Wände – für viele ist es der erste große Schritt in ein selbstbestimmtes Leben. Ich erinnere mich noch gut an meine erste eigene Wohnung. Die Aufregung bei der Besichtigung, die Unterschrift unter dem Mietvertrag und natürlich der erste Abend allein im neuen Zuhause. Doch bis es so weit ist, gibt es einiges zu bedenken und zu organisieren. In diesem Kapitel zeige ich dir, worauf es bei diesem wichtigen Lebensabschnitt ankommt.

Die Grundsatzfrage: Wann ist der richtige Zeitpunkt?

Der ideale Zeitpunkt für den Auszug ist so individuell wie du selbst. Manche können es kaum erwarten, endlich auf eigenen Beinen zu stehen, andere fühlen sich im „Hotel Mama" noch pudelwohl. Beides ist völlig in Ordnung. Wichtiger als das Alter sind die Rahmenbedingungen. Die entscheidende Frage lautet: Kannst du dir ein eigenständiges Leben nicht nur finanziell, sondern auch organisatorisch leisten?

Finanziell bedeutet das nicht nur, die monatliche Miete stemmen zu können. Du brauchst auch Reserven für die Erstausstattung, die Kaution und unerwartete Ausgaben. Ein realistischer Finanzplan ist deshalb der erste Schritt. Dabei hilft dir die 3-Konten-Methode: ein Konto für fixe Ausgaben wie Miete und Nebenkosten, eines für variable Kosten wie Lebensmittel und Freizeit und ein drittes als Rücklage für größere Anschaffungen oder Reparaturen.

Die organisatorische Seite wird oft unterschätzt. Plötzlich musst du selbst kochen, waschen, putzen und einkaufen. Der Kühlschrank füllt sich nicht mehr von allein und auch die Wäsche kommt nicht frisch gebügelt aus dem Schrank. Diese neue Verantwortung kostet nicht nur Zeit, sondern auch Energie. Ein gutes Zeitmanagement ist deshalb genauso wichtig wie ein solides Budget.

Die Suche nach dem perfekten Zuhause

Bevor du mit der eigentlichen Wohnungssuche beginnst, solltest du dir über einige grundlegende Fragen im Klaren sein. Neben dem Budget, das wir später noch genauer betrachten, geht es um deine persönlichen Prioritäten. Was ist dir wichtiger – eine zentrale Lage oder mehr Quadratmeter? Ein Balkon oder eine moderne Küche? Eine gute Anbindung an den öffentlichen Nahverkehr oder ein eigener Parkplatz?

Die Lage ist dabei mehr als nur die Adresse. Sie bestimmt maßgeblich deine Lebensqualität. Wie lange brauchst du zur Arbeit oder zur Uni? Gibt es Einkaufsmöglichkeiten in der Nähe? Wie sieht es mit Ärzten, Apotheken und anderen wichtigen Einrichtungen aus? Auch die Nachbarschaft spielt eine wichtige Rolle. Ein Besuch zu verschiedenen Tageszeiten gibt dir einen guten Eindruck vom Viertel und seinen Bewohnern.

Die Größe der Wohnung sollte zu deinem Lebensstil passen. Als Faustregel gelten 45 bis 50 Quadratmeter für eine Person. Aber das ist wirklich nur ein Richtwert. Wenn du viel unterwegs bist und die Wohnung hauptsächlich zum Schlafen nutzt, reichen vielleicht auch 30 Quadratmeter. Verbringst du dagegen viel Zeit zu Hause, arbeitest vielleicht sogar im Homeoffice oder hast ein platzintensives Hobby, sollten es eher mehr sein.

Die Kosten im Detail

Lass uns über Geld reden – konkret und ohne Beschönigung. Die Miete ist dabei nur die Spitze des Eisbergs. Hier eine realistische Kostenaufstellung für eine 45-Quadratmeter-Wohnung in einer mittelgroßen Stadt:

- Kaltmiete: 500 Euro
- Nebenkosten: 150 Euro
- Strom: 50 Euro
- Internet/Telefon: 35 Euro
- Rundfunkbeitrag: 18,36 Euro
- Haftpflichtversicherung: 5 Euro
- Hausratversicherung: 8 Euro

Das macht zusammen schon 766,36 Euro – jeden Monat. Dazu kommen einmalige Kosten beim Einzug:

- Kaution (drei Monatsmieten): 1.500 Euro
- Erstausstattung (je nach Anspruch): 2.000 bis 5.000 Euro
- Umzugskosten: 300 bis 1.000 Euro
- Renovierung (falls nötig): 500 bis 1.500 Euro

Die oft zitierte 30-Prozent-Regel für die Warmmiete stammt übrigens aus einer Zeit, als Wohnen noch deutlich günstiger war. In vielen Großstädten ist sie heute kaum noch einzuhalten. Realistischer ist ein Richtwert von 40 Prozent des Nettoeinkommens für alle wohnungsbezogenen Kosten. Das bedeutet bei unserem Beispiel: Du solltest mindestens 1.900 Euro netto verdienen, um die Wohnung entspannt finanzieren zu können.

Ein oft übersehener Kostenfaktor sind die Energiekosten. Die Heizungsart spielt dabei eine entscheidende Rolle. Eine moderne Zentralheizung ist in der Regel günstiger als Nachtspeicheröfen oder eine Gasetagenheizung. Auch die Warmwasserbereitung ist wichtig: Ein elektrischer Durchlauferhitzer kann die Stromkosten deutlich in die Höhe treiben.

Der Suchprozess – mehr als nur Immobilienportale

Die klassische Wohnungssuche hat sich in den letzten Jahren stark verändert. Die großen Immobilienportale dominieren zwar den Markt, aber es gibt auch andere interessante Wege. Lokale Wohnungsbaugenossenschaften zum Beispiel bieten oft günstigere Mieten und mehr Sicherheit. Der Haken: Du musst meist Genossenschaftsanteile erwerben, was eine zusätzliche Anfangsinvestition bedeutet.

Auch soziale Netzwerke sind eine gute Quelle. In lokalen Facebook-Gruppen werden regelmäßig Wohnungen angeboten, oft sogar ohne Maklergebühren. Ein weiterer Vorteil: Du kannst direkt mit den aktuellen Mietern kommunizieren und erfährst mehr über die Wohnung und das Umfeld als aus einer sterilen Anzeige.

Ein Trick, den viele nicht kennen: Nutze die Wintermonate für die Wohnungssuche. Von November bis Februar ist die Konkurrenz deutlich geringer, weil die wenigsten Menschen bei Kälte und Regen umziehen möchten. Das gibt dir bessere Chancen und manchmal sogar Verhandlungsspielraum bei der Miete.

Die professionelle Bewerbung

Der Wohnungsmarkt ist in vielen Städten hart umkämpft. Bei beliebten Objekten ist es keine Seltenheit, dass sich 50 oder mehr Interessenten auf eine Wohnung bewerben. Umso wichtiger ist eine professionelle Bewerbung. Sie sollte nicht nur vollständig sein, sondern dich auch von deiner besten Seite zeigen. Ein gutes Anschreiben macht den Unterschied. Statt einer standardisierten E-Mail solltest du dich kurz persönlich vorstellen. Warum interessierst du dich gerade für diese Wohnung? Was macht dich zu einem guten Mieter? Sei ehrlich, aber verkaufe dich auch ein bisschen. Vermieter suchen verlässliche Mieter, die ihre Wohnung pflegen und pünktlich zahlen.

Die Bewerbungsmappe ist dein Marketinginstrument. Sie muss vollständig sein, aber nicht überladen. Neben den üblichen Unterlagen wie SCHUFA-Auskunft und Einkommensnachweisen können auch Referenzen von früheren Vermietern oder deinem Arbeitgeber hilfreich sein. Ein aktuelles Foto ist keine Pflicht, kann aber sympathisch wirken.

Die entscheidende Besichtigung

Die Besichtigung ist wie ein Vorstellungsgespräch – für beide Seiten. Du prüfst, ob die Wohnung zu dir passt, und der Vermieter checkt, ob du als Mieter infrage kommst. Eine gute Vorbereitung ist deshalb entscheidend. Nimm dir einen Notizblock mit und fotografiere wichtige Details – natürlich nur nach Erlaubnis des Vermieters. Eine strukturierte Checkliste hilft dir, nichts zu übersehen. Besonders wichtig sind diese Bereiche:

» Die **Bausubstanz**: Achte auf Risse in den Wänden, feuchte Stellen oder abblätternde Tapeten. Auch der Zustand der Fenster ist wichtig – alte, undichte Fenster können die Heizkosten explodieren lassen.

» Die **technische Ausstattung**: Wie alt sind Heizung und Warmwasseraufbereitung? Gibt es genügend Steckdosen? Wie ist der Wasserdruck in Bad und Küche? Ein kurzer Test der Armaturen kann aufschlussreich sein.

» Die **Lichtverhältnisse**: Natürliches Licht ist nicht nur für dein Wohlbefinden wichtig, sondern spart auch Stromkosten. Beachte die Himmelsrichtungen der Fenster – eine Nordlage bedeutet weniger direktes Sonnenlicht.

Lass dich beim Besichtigungstermin nicht unter Druck setzen. Manche Vermieter oder Makler versuchen, eine künstliche Dringlichkeit zu erzeugen: „Wir haben noch 20 weitere Interessenten ...“ oder „Wenn Sie sich nicht gleich entscheiden, ...“. Bleib sachlich und nimm dir die Zeit, die du brauchst.

Der Mietvertrag im Detail

Der Mietvertrag ist mehr als ein Stück Papier – er regelt dein Wohnverhältnis oft über Jahre. Besonders wichtig sind diese Aspekte:

- Die **Mietdauer**: Befristete Mietverträge sind nur unter bestimmten Bedingungen zulässig. Der Vermieter muss einen triftigen Grund für die Befristung haben, zum Beispiel geplante Eigennutzung.
- Die **Nebenkostenvorauszahlung**: Achte auf den Unterschied zwischen Vorauszahlung und Pauschale. Bei einer Vorauszahlung wird jährlich abgerechnet, eine Pauschale ist dagegen fix – egal wie hoch der tatsächliche Verbrauch ist.
- Die **Schönheitsreparaturen**: Viele Mietverträge enthalten starre Renovierungsfristen oder Klauseln zur Endrenovierung. Solche Klauseln sind oft unwirksam. Lass dich im Zweifelsfall beraten, bevor du teure Renovierungen durchführst.
- Die **Tierhaltung**: Kleintiere wie Hamster oder Zierfische darf der Vermieter nicht verbieten. Bei Hunden oder Katzen sieht das anders aus – hier brauchst du in der Regel die Erlaubnis des Vermieters.
- Das Thema **Untermiete** wird oft unterschätzt. Auch wenn du jetzt nicht planst, dein Zimmer unterzuvermieten – eine entsprechende Klausel im Vertrag kann später wichtig werden, etwa bei einem längeren Auslandsaufenthalt.

Die WG als Alternative

Das Leben in einer Wohngemeinschaft ist mehr als eine günstige Alternative zur eigenen Wohnung. Es ist eine eigene Lebensform mit besonderen Herausforderungen und Chancen. Neben der Kostenersparnis bietet eine WG vor allem soziale Vorteile: Du hast immer jemanden zum Reden, zum gemeinsamen Kochen oder für spontane Filmabende. Die Wahl der richtigen WG ist dabei entscheidend für dein Wohlbefinden. Ein WG-Casting sollte mehr sein als ein kurzes Kennenlernen.

Wichtige Fragen sind:

- Der **Lebensstil**: Wie sieht der typische Tagesablauf aus? Wird zusammen gekocht? Wie wird mit Besuch umgegangen?
- Die **Ordnungsvorstellungen**: Was bedeutet „sauber" für die einzelnen Bewohner? Gibt es einen Putzplan? Wie wird mit gemeinsamen Anschaffungen umgegangen?
- Die **finanziellen Regelungen**: Wie werden die Kosten aufgeteilt? Gibt es eine WG-Kasse? Wer kümmert sich um Einkäufe und Abrechnungen?

Ein schriftlicher WG-Vertrag mag zunächst übertrieben erscheinen, kann aber viel Ärger ersparen. Er regelt nicht nur die Aufteilung der Miete und Nebenkosten, sondern auch Aspekte wie die Kündigungsfrist oder den Umgang mit Schäden in Gemeinschaftsräumen. Ebenfalls wichtig ist das Thema Konflikte. In jeder WG gibt es mal Streit – sei es wegen des Putzplans, lauter Musik oder unterschiedlicher Vorstellungen vom Zusammenleben. Entscheidend ist nicht, Konflikte zu vermeiden, sondern konstruktiv damit umzugehen. Regelmäßige WG-Treffen, bei denen Probleme offen angesprochen werden können, haben sich bewährt.

Der praktische Umzug

Wenn alle Formalitäten geklärt sind, beginnt die praktische Seite des Umzugs. Eine gute Planung ist hier Gold wert. Erstelle eine Timeline mit allen wichtigen Terminen und Aufgaben:

- **Zwei Monate vorher**: Umzugshelfer organisieren, Umzugsunternehmen vergleichen, erste Kartons packen
- **Ein Monat vorher**: Adressänderungen vorbereiten, Versicherungen checken, Umzugswagen reservieren
- **Zwei Wochen vorher**: Intensive Packphase, Sperrmüll anmelden (in ländlichen Gegenden aber deutlich früher), Hausmeister informieren

» **Eine Woche vorher**: Letzte Kartons packen, Werkzeug bereitlegen, Verpflegung für die Helfer planen

Ein häufiger Anfängerfehler ist das Unterschätzen der benötigten Kartons und des Verpackungsmaterials. Rechne pro Quadratmeter Wohnfläche mit etwa ein bis zwei Umzugskartons. Beschrifte alle Kisten gut sichtbar mit Inhalt und Zielraum – das erleichtert das Auspacken enorm.

Dein neues Leben

Die ersten Wochen in der neuen Wohnung sind eine aufregende Zeit. Alles ist neu, manches funktioniert noch nicht perfekt und vielleicht vermisst du auch das gewohnte Umfeld. Das ist völlig normal. Nimm dir Zeit, um anzukommen und dich einzuleben. Ein Tipp aus der Praxis: Führe von Anfang an ein Haushaltsbuch. Gerade in den ersten Monaten ist es wichtig, den Überblick über die tatsächlichen Kosten zu behalten. Oft kommen unerwartete Ausgaben auf dich zu – von der Küchenausstattung bis zur Gardinenstange.

Weitere praktische Tools wie einen Umzugsplaner und einen Budgetrechner für deine erste Wohnung findest du auf timo-finanztipp.de. Dort gibt es auch aktuelle Tipps für die Wohnungssuche. Mach dir bewusst: Die erste eigene Wohnung ist ein wichtiger Schritt in die Unabhängigkeit. Mit der richtigen Vorbereitung und einem realistischen Blick auf die Herausforderungen wird dieser Schritt zu einer positiven Erfahrung, die dich in deiner persönlichen Entwicklung weiterbringt.

22 KAUF EINER IMMOBILIE

Der große Traum vom Eigenheim – für viele ist es die wichtigste finanzielle Entscheidung ihres Lebens. Gerade in jungen Jahren scheint der Immobilienkauf oft ein unerreichbares Ziel zu sein. Doch mit der richtigen Strategie und Planung kann dieser Traum Wirklichkeit werden. In diesem Kapitel zeige ich dir, worauf es beim Immobilienkauf ankommt und wie du dieses Projekt erfolgreich meistern kannst.

Die Frage aller Fragen: Kaufen oder Mieten?

Die Entscheidung zwischen Kauf und Miete ist keine reine Rechenaufgabe. Sie hängt von vielen persönlichen Faktoren ab – deiner Lebenssituation, deinen Zukunftsplänen und natürlich deinen finanziellen Möglichkeiten. Werfen wir zunächst einen nüchternen Blick auf die Vor- und Nachteile des Eigentums.

Der größte Vorteil liegt auf der Hand: Du baust langfristig Vermögen auf. Statt jeden Monat Miete zu zahlen, die unwiederbringlich weg ist, tilgst du einen Kredit und schaffst damit Werte. Nach 20 bis 30 Jahren gehört die Immobilie dir – ein beruhigendes Gefühl, gerade mit Blick aufs Alter. Zudem triffst du deine eigenen Entscheidungen. Niemand kann dir kündigen und du kannst die Immobilie nach deinen Vorstellungen gestalten.

Die Schattenseiten solltest du allerdings nicht unterschätzen. Ein Immobilienkauf bedeutet eine enorme finanzielle Verpflichtung über viele Jahre. Du brauchst nicht nur erhebliches Eigenkapital, sondern musst auch die monatlichen Raten stemmen können – und zwar verlässlich, auch wenn mal schwierige Zeiten kommen. Die viel gepriesene Flexibilität geht dabei weitgehend verloren. Ein Jobwechsel in eine andere Stadt oder ein längerer Auslandsaufenthalt werden deutlich komplizierter.

Auch die laufenden Kosten unterschätzen viele. Als Eigentümer trägst du sämtliche Nebenkosten, Reparaturen und Modernisierungen selbst. Eine neue Heizung oder ein undichtes Dach können schnell fünfstellige Summen verschlingen. Nicht zu vergessen die Kaufnebenkosten – Grunderwerbsteuer, Notar, Makler und Grundbucheintrag schlagen meist mit 10 bis 15 Prozent des Kaufpreises zu Buche.

Die finanzielle Basis schaffen

Bevor du dich auf die Suche nach deinem Traumhaus machst, solltest du deine finanzielle Situation gründlich analysieren. Die wichtigste Kennzahl ist dabei der Eigenkapitalanteil. Die Faustformel lautet: Mindestens 20 Prozent des Kaufpreises solltest du selbst mitbringen, besser 30 Prozent. Bei einer Immobilie für 400.000 Euro wären das also mindestens 80.000 Euro.

Diese Empfehlung hat gute Gründe. Je mehr Eigenkapital du einsetzt, desto bessere Kreditkonditionen bekommst du von der Bank. Außerdem brauchst du einen Puffer für die Kaufnebenkosten und unvorhergesehene Ausgaben. Eine 100-prozentige Finanzierung ist zwar theoretisch möglich, aber sehr riskant. Du zahlst dabei nicht nur höhere Zinsen, sondern hast auch keinen finanziellen Spielraum für Notfälle.

Der Weg zur Finanzierung

Die Immobilienfinanzierung ist wie ein komplexes Puzzle, bei dem viele Teile zusammenpassen müssen. Das Herzstück ist meist ein Annuitätendarlehen. Dabei zahlst du jeden Monat einen gleichbleibenden

Betrag, der sich aus Zinsen und Tilgung zusammensetzt. Am Anfang überwiegt der Zinsanteil, mit der Zeit verschiebt sich das Verhältnis zugunsten der Tilgung.

Ein konkretes Beispiel: Du kaufst eine Immobilie für 400.000 Euro und bringst 100.000 Euro Eigenkapital mit. Für die fehlenden 300.000 Euro brauchst du einen Kredit (auf 30 Jahre finanziert). Bei einem Zinssatz von drei Prozent und einer anfänglichen Tilgung von zwei Prozent zahlst du monatlich etwa 1.250 Euro. Nach zehn Jahren hast du dann bereits knapp 70.000 Euro getilgt.

Die Kreditkonditionen spielen eine entscheidende Rolle für deine monatliche Belastung. Der Zinssatz hängt von verschiedenen Faktoren ab – deiner Bonität, der Höhe des Eigenkapitals und natürlich der allgemeinen Zinsentwicklung. Die Zinsbindung ist dabei ein wichtiger strategischer Aspekt. Du kannst die Zinsen für 5, 10 oder sogar 15 Jahre festschreiben. Eine längere Zinsbindung bietet dir mehr finanzielle Planungssicherheit – auch wenn sie meist mit leicht höheren Kosten verbunden ist. Aus meiner Sicht ist diese Stabilität den Aufpreis wert.

Eine Alternative zum klassischen Bankkredit sind Förderdarlehen, etwa von der KfW-Bank. Diese staatlichen Programme bieten oft günstigere Konditionen, besonders wenn du energetische Sanierungen planst oder eine Familie gründest. Allerdings musst du dafür bestimmte Voraussetzungen erfüllen und einige bürokratische Hürden nehmen.

Der Weg zum Eigenheim – Schritt für Schritt

Der eigentliche Kaufprozess beginnt meist mit der Sichtung von Exposés. Diese Verkaufsunterlagen geben dir einen ersten Eindruck von der Immobilie. Allerdings solltest du die geschönten Fotos und blumigen Beschreibungen mit gesunder Skepsis betrachten. Wichtiger sind die harten Fakten – Grundriss, Baujahr, Energieausweis und natürlich der Preis.

Bei der Besichtigung ist dann dein kritischer Blick gefragt. Nimm dir Zeit und schau genau hin. Achte besonders auf versteckte Mängel wie Feuchtigkeit, Risse oder veraltete Technik. Mach viele Fotos und Notizen. Eine zweite Besichtigung mit einem Bausachverständigen kann sich bei älteren Immobilien durchaus lohnen – auch wenn das extra kostet. Passt alles, beginnen die Kaufverhandlungen. Hier ist Fingerspitzengefühl gefragt. Der erste Preis ist selten der letzte. Informiere dich vorab gut über die üblichen Quadratmeterpreise in der Gegend. Ein professionelles Wertgutachten kann dir dabei helfen, einen angemessenen Preis zu finden.

Die rechtliche Seite des Kaufs

Der Notartermin ist der entscheidende Moment. Hier wird der Kaufvertrag besiegelt – ein komplexes juristisches Dokument, das deine Rechte und Pflichten als Käufer festlegt. Der Notar ist dabei nicht nur Urkundsperson, sondern auch neutraler Berater. Er erklärt dir die wichtigsten Regelungen und sorgt dafür, dass der Eigentumsübergang rechtlich sauber abläuft.

Besonders wichtig ist die Prüfung des Grundbuchs. Dort sind alle rechtlichen Verhältnisse der Immobilie verzeichnet – beispielsweise Hypotheken, Wegerechte oder andere Belastungen. Der Notar kümmert sich auch um die Eintragung einer Vormerkung. Diese sichert deinen Anspruch auf das Eigentum, bis der Kaufpreis vollständig bezahlt ist.

Die Kostenfalle Nebenkosten

Als Eigentümer musst du im Vergleich zu einem Mieter mit deutlich höheren laufenden Kosten rechnen. Neben den üblichen Nebenkosten wie Heizung und Strom kommen weitere Positionen hinzu:

» **Grundsteuer**: Diese Steuer zahlen alle Immobilienbesitzer an die Gemeinde. Die Höhe hängt von verschiedenen Faktoren ab und kann je nach Standort stark variieren.

- **Gebäudeversicherung:** Sie schützt dich vor den finanziellen Folgen von Schäden durch Feuer, Sturm oder Leitungswasser. Bei älteren Gebäuden oder in hochwassergefährdeten Gebieten kann sie recht teuer werden.
- Besonders wichtig ist die Bildung von **Rücklagen**. Als Faustregel solltest du etwa ein Prozent des Immobilienwerts pro Jahr für Instandhaltung und Reparaturen zurücklegen. Bei einem Kaufpreis von 400.000 Euro wären das 4.000 Euro jährlich oder gut 330 Euro monatlich.

Staatliche Förderung clever nutzen

Der Staat unterstützt den Immobilienerwerb auf unterschiedliche Weise. Das bekannteste Instrument ist die KfW-Förderung. Die staatliche Förderbank vergibt günstige Kredite für den Kauf oder Bau von Eigenheimen. Besonders attraktiv sind die Programme für energieeffizientes Bauen und Sanieren. Hier kannst du nicht nur von niedrigen Zinsen profitieren, sondern auch von Tilgungszuschüssen.

Wichtig ist, die aktuellen Förderprogramme im Blick zu behalten. So konnte etwa das Baukindergeld nur bis zum 31. Dezember 2022 beantragt werden. Die Programme ändern sich jedoch regelmäßig, und neue Fördermöglichkeiten kommen hinzu. So wird das Baukindergeld derzeit durch andere Förderprogramme wie „Wohneigentum für Familien“ ersetzt – mit anderen Voraussetzungen und Bedingungen.

Energetische Sanierung als Chance

Das Thema Energieeffizienz spielt bei Immobilien eine immer wichtigere Rolle. Eine energetische Sanierung kostet zwar zunächst Geld, rechnet sich aber meist langfristig. Moderne Heizungssysteme, gute Dämmung und eventuell eine Solaranlage senken nicht nur die laufenden Kosten, sondern steigern auch den Wert deiner Immobilie.

Die Förderlandschaft ist hier besonders attraktiv. Verschiedene Programme unterstützen energetische Maßnahmen mit günstigen Krediten und Zuschüssen. Ein Beispiel: Für den Einbau einer Wärmepumpe kannst du Förderungen von mehreren Tausend Euro bekommen. Wichtig ist aber, die Förderung vor Beginn der Maßnahmen zu beantragen – nachträglich gibt es meist nichts mehr.

Der richtige Zeitpunkt

Eine Frage, die mir oft gestellt wird: Wann ist der richtige Zeitpunkt für den Immobilienkauf? Die ehrliche Antwort: Den perfekten Zeitpunkt gibt es nicht. Natürlich spielen Faktoren wie Zinsniveau und Marktpreise eine Rolle. Wichtiger ist aber deine persönliche Situation.

Entscheidend sind drei Aspekte: Erstens deine berufliche Stabilität – ein unbefristeter Arbeitsvertrag und sichere Einkommensperspektiven sind wichtig. Zweitens deine private Situation – bist du sicher, dass du langfristig am gewählten Ort bleiben willst? Und drittens natürlich deine finanzielle Basis – hast du genügend Eigenkapital und Spielraum in deinem Budget?

Die langfristige Perspektive

Eine Immobilie ist eine Entscheidung für Jahrzehnte. Deshalb solltest du nicht nur die aktuelle Situation betrachten, sondern auch mögliche Veränderungen einplanen. Wie entwickelt sich die Wohngegend? Sind wichtige Infrastrukturprojekte geplant? Wie sieht die demografische Entwicklung aus?

Auch deine persönliche Lebensplanung spielt eine wichtige Rolle. Die perfekte Singlewohnung kann schnell zu eng werden, wenn Partner und Kinder dazukommen. Andererseits solltest du auch nicht zu groß kaufen – jeder zusätzliche Quadratmeter kostet nicht nur beim Kauf, sondern verursacht danach auch laufende Kosten.

Fazit: Der Immobilienkauf ist eine der wichtigsten und größten finanziellen Entscheidungen deines Lebens. Mit gründlicher Vorbereitung, realistischer Planung und einem gesunden Maß an Vorsicht kann er der Grundstein für deinen langfristigen Vermögensaufbau sein. Lass dich dabei nicht von überzogenen Renditeversprechen oder dem sozialen Druck zum Eigentum verführen. Die Entscheidung muss zu deiner persönlichen Situation passen. Weiterführende Informationen, aktuelle Förderprogramme und hilfreiche Rechner für deine Immobilienfinanzierung findest du auf timo-finanztipp.de.

Teil 8

VERTRÄGE, KONSUM UND NACHHALTIGKEIT

23
VERTRÄGE VERSTEHEN UND VERHANDELN – DEIN WEG DURCH DEN VERTRAGSDSCHUNGEL

Vor einiger Zeit bekam ich einen interessanten Anruf von meinem besten Freund. Er war völlig aufgelöst, weil er einen Handyvertrag abgeschlossen hatte und nun feststellte, dass er viel zu viel zahlte. „Hätte ich das doch bloß vorher gewusst!“, war sein Fazit. Diese Situation erlebe ich häufig bei jungen Menschen – und genau deshalb widmen wir diesem Thema ein eigenes Kapitel.

Mit Verträgen werden wir täglich konfrontiert, oft ohne dass wir sie bewusst wahrnehmen. Ob Streamingdienst, Handytarif oder Fitnessstudio: Hinter zahlreichen Aspekten unseres Lebens verbergen sich Verträge, die unsere Rechte und Pflichten regeln. Doch während wir in der Schule Gedichtinterpretation und Integralrechnung lernen, kommt das Thema Verträge meist zu kurz. Das ändern wir jetzt.

Die Kunst der Vertragsgestaltung

Ein Vertrag ist im Grunde nichts anderes als eine Vereinbarung zwischen zwei oder mehr Parteien. Beide Seiten versprechen sich etwas: Du versprichst zu zahlen, der Anbieter verspricht eine Leistung. Klingt simpel, wird aber schnell komplex, wenn man ins Detail geht. Besonders tückisch sind Verträge im Bereich Mobilfunk und Internet. Die Anbieter locken mit scheinbar günstigen Angeboten, verstecken aber oft wichtige Details im Kleingedruckten. Da ist von „Bis zu“-Geschwindigkeiten die Rede oder von „limitierter Aktion“ – Formulierungen, die suggerieren sollen, dass du sofort zuschlagen musst.

Die Vertragslaufzeit ist dabei ein entscheidender Faktor. Klassischerweise binden viele Anbieter ihre Kunden für 24 Monate – das ist die maximale Erstlaufzeit, die gesetzlich erlaubt ist. Nach dieser Zeit verlängert sich der Vertrag nicht mehr automatisch um ein weiteres Jahr, sondern kann monatlich gekündigt werden. Diese Regelung gilt seit dem 1. Dezember 2021 und stärkt die Position der Verbraucher deutlich.

Ein besonderes Augenmerk verdienen die versteckten Kostenfallen. Nehmen wir das Beispiel Mobilfunkverträge: Viele Tarife werben mit „unbegrenztem Datenvolumen“, drosseln aber nach einer bestimmten Menge die Geschwindigkeit so stark, dass kaum noch etwas geht. Oder sie bewerben „5G inklusive“, verschweigen aber, dass dein aktuelles Smartphone diese Mobilfunktechnik gar nicht unterstützt.

Die Kunst des Vertragslesens

Ich weiß, Vertragstexte sind oft so spannend wie eine leere Butterbrotdose. Aber es lohnt sich, sie genau zu lesen. Besonders wichtig sind dabei diese Aspekte:

Die **Mindestlaufzeit** und **Kündigungsfristen** stehen meist nicht auf der ersten Seite. Du findest sie oft versteckt in den Allgemeinen Geschäftsbedingungen (AGB). Prüfe immer, bis wann du kündigen musst, um nicht in eine ungewollte Verlängerung zu rutschen.

Der **Gesamtpreis** setzt sich oft aus verschiedenen Komponenten zusammen. Da gibt es den Grundpreis, eventuelle Zusatzoptionen, manchmal eine Anschlussgebühr oder Bereitstellungskosten. Addiere alles zusammen und rechne es auf die Gesamtlaufzeit hoch. Nur so erkennst du die wahren Kosten.

Die **Preisanpassungsklauseln** sind besonders tückisch. Viele Verträge enthalten Formulierungen wie: „Der Anbieter behält sich vor, die Preise an die allgemeine Preisentwicklung anzupassen.“ Das klingt harmlos, kann aber bedeuten, dass dein anfänglich günstiger Tarif plötzlich deutlich teurer wird.

Bei Fitnessstudios und anderen Abomodellen kommen weitere Aspekte hinzu. Hier ist besonders auf die **Kündigungsmodalitäten** zu achten. Manche Studios verlangen eine schriftliche Kündigung per Einschreiben, andere akzeptieren auch eine E-Mail. Achte auch auf **versteckte Zusatzkosten** wie Verwaltungsgebühren, Trainingseinweisungen oder den obligatorischen Transponder für die Eingangstür.

Ein wichtiger Punkt, der oft übersehen wird, sind die **Sonderkündigungsrechte**. Diese ermöglichen dir, aus dem Vertrag auszusteigen, auch wenn die reguläre Mindestlaufzeit noch nicht vorbei ist. Klassische Gründe sind ein Umzug in eine Region, wo der Anbieter seine Leistung nicht erbringen kann, oder eine längere Krankheit beim Fitnessstudio-Vertrag. Aber Vorsicht: Die Anforderungen an die Nachweise sind oft streng. Ein einfaches Attest vom Hausarzt reicht meist nicht aus.

Verträge clever verhandeln

Viele junge Menschen denken, Verträge seien in Stein gemeißelt. Das stimmt nicht! Fast alles ist verhandelbar – wenn man es richtig angeht. Der erste Schritt ist immer die gründliche Vorbereitung. Verschaffe dir einen Überblick über den Markt. Was bieten andere Anbieter? Welche Konditionen sind üblich? Je besser du informiert bist, desto stärker ist deine Verhandlungsposition.

Ein konkretes Beispiel: Du interessierst dich für einen Handyvertrag mit viel Datenvolumen. Statt den erstbesten Anbieter zu wählen, vergleichst du verschiedene Tarife. Dabei stellst du fest, dass Anbieter A zwar einen höheren Grundpreis hat, aber besseren Service bietet und ein größeres Netz. Anbieter B ist günstiger, hat aber schlechtere Bewertungen. Diese Informationen sind in der Verhandlung Gold wert.

Das Timing spielt ebenfalls eine wichtige Rolle. Viele Anbieter haben Aktionszeiträume, in denen sie besonders gute Konditionen bieten. Das können saisonale Angebote sein oder Reaktionen auf Aktionen der Konkurrenz. Auch das Quartalsende ist oft ein guter Zeitpunkt für Verhandlungen, wenn Verkäufer ihre Ziele erreichen müssen.

Ein häufiger Fehler ist es, sich unter Druck setzen zu lassen. Formulierungen wie „nur heute gültig“ oder „einmaliges Angebot“ sollen dich zu einer schnellen Entscheidung drängen. Lass dich davon nicht beeinflussen. Ein seriöser Anbieter gibt dir Zeit, das Angebot in Ruhe zu prüfen.

Die Macht der Vergleichsportale

Das Internet hat die Vertragslandschaft revolutioniert. Vergleichsportale machen Preise und Leistungen transparent wie nie zuvor. Aber auch hier ist Vorsicht geboten. Nicht alle Portale sind neutral, manche bevorzugen Anbieter, die höhere Provisionen zahlen. Nutze daher immer mehrere Portale und vergleiche die Ergebnisse.

Ein weiteres nützliches Tool sind Bewertungsplattformen. Hier findest du Erfahrungsberichte anderer Kunden. Achte dabei besonders auf wiederkehrende Muster in den Kritikpunkten. Einzelne negative Bewertungen können Ausreißer sein, wenn sich aber bestimmte Probleme häufen, ist das ein Warnsignal.

Die digitale Revolution hat auch neue Vertragsformen hervorgebracht. Streamingdienste, Cloud-Speicher oder App-Abonnements funktionieren anders als klassische Verträge. Sie sind oft flexibler kündbar, dafür aber weniger verhandelbar. Hier ist es besonders wichtig, die automatischen Verlängerungen im Blick zu behalten.

Die Kunst des Timings

Gerade beim Thema Kündigung ist das richtige Timing entscheidend. Viele Verträge verlangen eine Kündigungsfrist von drei Monaten zum Laufzeitende. Das bedeutet: Wenn dein Vertrag zum Beispiel am 31. Dezember ausläuft, musst du spätestens am 30. September kündigen. Verpasst du diese Frist, verlängert sich der Vertrag automatisch.

Ein praktischer Tipp: Mach dir direkt nach Vertragsabschluss in deinem Kalender einen Vermerk zum spätesten Kündigungsdatum. Noch besser: Setze dir zwei Erinnerungen – die eine einen Monat vor der Kündigungsfrist und die andere eine Woche vorher. So hast du genug Zeit, die Kündigung vorzubereiten und alternative Angebote zu prüfen.

Die Form der Kündigung ist ebenfalls wichtig. Manche Anbieter bestehen auf einer schriftlichen Kündigung per Brief, andere akzeptieren E-Mails oder bieten sogar Onlineformulare an. Im Zweifelsfall ist ein Einschreiben mit Rückschein die sicherste Variante – damit hast du einen Beweis, dass deine Kündigung rechtzeitig eingegangen ist.

Der digitale Wandel

Die Digitalisierung verändert auch die Art, wie wir Verträge abschließen. Immer häufiger werden Verträge komplett digital geschlossen – per Klick oder sogar per App. Das ist praktisch, birgt aber auch Risiken. Oft klicken wir die AGB weg, ohne sie zu lesen, oder übersehen in der digitalen Flut wichtige Details.

Ein besonderes Augenmerk verdienen die Datenschutzbestimmungen. Gerade bei kostenlosen Angeboten zahlst du oft mit deinen Daten. Prüfe genau, welche Daten erhoben werden und wie sie genutzt werden. Besonders kritisch sind Klauseln, die eine Weitergabe deiner Daten an „Partner“ erlauben.

Die Zukunft der Verträge liegt in der Flexibilität. Immer mehr Anbieter setzen auf monatlich kündbare Modelle oder Pay-as-you-go-Systeme. Das gibt dir mehr Freiheit, erfordert aber auch mehr Aufmerksamkeit bei der Kostenkontrolle. Ein Beispiel sind Cloud-Speicherdienste: Du zahlst nur für den tatsächlich genutzten Speicherplatz, musst aber regelmäßig prüfen, ob du nicht zu viel speicherst und damit unnötig hohe Kosten verursachst.

Der Umgang mit Problemen

Auch bei der sorgfältigsten Planung kann es zu Problemen kommen. Vielleicht stimmt die Rechnung nicht, die versprochene Leistung wird nicht erbracht oder du entdeckst versteckte Kosten. In solchen Fällen ist schnelles Handeln wichtig. Dokumentiere das Problem genau und melde es dem Anbieter schriftlich. Eine E-Mail reicht meist aus, aber speichere sie unbedingt ab.

Viele Probleme lassen sich im direkten Gespräch lösen. Bleib dabei immer sachlich und freundlich, auch wenn du verärgert bist. Schildere das Problem konkret und formuliere klar, was du erwartest. Oft ist der Kundenservice eher bereit zu helfen, wenn du konstruktiv an einer Lösung interessiert bist.

Wenn der direkte Weg nicht funktioniert, gibt es verschiedene Anlaufstellen für Hilfe. Die Verbraucherzentralen bieten kostenlose Erstberatungen an und können dir sagen, ob dein Anliegen berechtigt ist. Auch das Internet ist voll von Erfahrungsberichten und Tipps. Ein besonderer Fall sind betrügerische Angebote. Sie werden immer raffinierter und professioneller. Besondere Vorsicht ist geboten bei:

- » Angeboten, die zu gut klingen, um wahr zu sein
- » Druck, sofort unterschreiben zu müssen
- » unklaren oder widersprüchlichen Vertragsbedingungen

Der beste Schutz ist hier eine gesunde Portion Skepsis. Wenn dir etwas seltsam vorkommt, hör auf dein Bauchgefühl und hol dir eine zweite Meinung ein.

Nach diesem Kapitel bist du für die Vertragswelt hoffentlich besser gewappnet. Nimm dir die Zeit, deine bestehenden Verträge zu überprüfen. Erstelle eine Übersicht mit Laufzeiten, Kündigungsfristen und Kosten. Prüfe, ob du alle Verträge wirklich brauchst oder ob es günstigere Alternativen gibt. Denk immer daran: Ein Vertrag ist keine Einbahnstraße. Du hast Rechte als Verbraucher und die solltest du kennen und nutzen. Mit dem richtigen Wissen und etwas Übung wirst du zum Profi im Umgang mit Verträgen – und sparst dabei auch noch eine Menge Geld.

24
BEWUSSTER KONSUM – DEIN WEG ZU EINEM NACHHALTIGEN LEBENSSTIL

In den vorherigen Kapiteln haben wir uns hauptsächlich mit Konzepten der Geldanlage und Vorsorge beschäftigt. Jetzt richten wir unseren Blick auf ein Thema, das dein tägliches Leben unmittelbar beeinflusst: deinen Konsum. Denn die Art und Weise, wie du konsumierst, hat nicht nur Auswirkungen auf dein Bankkonto, sondern auch auf deine Lebensqualität und unsere Umwelt.

Die Psychologie des Konsums – warum wir kaufen, was wir kaufen

Unser Konsumverhalten ist komplexer, als wir oft denken. Natürlich gibt es die offensichtlichen Bedürfnisse – wir brauchen Nahrung zum Leben, Kleidung zum Anziehen und ein Dach über dem Kopf. Aber warum kaufen wir das dreizehnte Paar Schuhe, obwohl unser Schuhschrank schon überquillt? Warum bestellen wir online Dinge, die wir eigentlich gar nicht brauchen?

Die Antwort liegt tief in unserer Psyche und den gesellschaftlichen Strukturen, die uns umgeben. Wir leben in einer Konsumgesellschaft, die uns ständig suggeriert, dass mehr Besitz zu mehr Glück führt. Die Werbeindustrie hat dabei im Laufe der Jahre immer raffiniertere Methoden entwickelt, um uns zum Kaufen zu animieren. Sie spricht gezielt unsere Emotionen an und verknüpft Produkte mit Gefühlen und Sehnsüchten.

Ein klassisches Beispiel ist die Smartphone-Industrie. Ein neues Handy ist längst nicht mehr nur ein Kommunikationsgerät – es ist ein

Statussymbol, ein Lifestyle-Accessoire, ein Statement über unsere Zugehörigkeit zu einer bestimmten Gruppe. Die Werbung suggeriert uns, dass wir mit dem neuesten Modell nicht nur ein besseres Gerät, sondern auch ein besseres Leben bekommen. Diese emotionale Aufladung von Produkten macht es uns schwer, rational zu entscheiden, was wir wirklich brauchen.

Besonders stark ist dieser Effekt in den sozialen Medien. Durch die ständige Präsentation scheinbar perfekter Lebensmodelle entsteht ein permanenter Vergleichsdruck. Influencer präsentieren die neuesten Produkte als Must-haves – und der Algorithmus liefert die passende Werbung gleich mit. Das Gefühl, etwas zu verpassen (FOMO – Fear of Missing Out), wird gezielt geschürt und treibt uns zu impulsiven Kaufentscheidungen.

Die wahren Kosten unseres Konsums verstehen

Wenn wir über die Kosten eines Produkts nachdenken, sehen wir meist nur den Preis auf dem Preisschild. Doch die wahren Kosten sind viel umfassender. Da sind zunächst die versteckten finanziellen Kosten: Wartung, Reparaturen, Energieverbrauch, Updates, Versicherungen und schließlich die Entsorgung. Ein günstiger Drucker mag verlockend erscheinen, aber wenn die Patronen ein Vermögen kosten, war es vielleicht doch keine so gute Investition.

Noch bedeutender sind die ökologischen und sozialen Kosten. Jedes Produkt, das wir kaufen, hat einen ökologischen Fußabdruck. Angefangen bei der Rohstoffgewinnung, über die Produktion und den Transport bis hin zur Entsorgung. Ein T-Shirt für fünf Euro mag günstig erscheinen, aber der wahre Preis wird oft von anderen gezahlt: von den Arbeiterinnen und Arbeitern in den Produktionsländern, von der Umwelt durch Pestizideinsatz und Wasserverschmutzung, von kommenden Generationen durch die Folgen des Klimawandels.

Der Weg zum bewussten Konsum

Bewusster Konsum bedeutet nicht, dass du auf alles verzichten musst, was dir Freude bereitet. Es geht vielmehr darum, reflektierte Entscheidungen zu treffen und die langfristigen Konsequenzen deines Handelns zu berücksichtigen. Der erste Schritt ist, deine Kaufimpulse zu hinterfragen.

Die „24-Stunden-Regel" hat sich dabei als besonders effektiv erwiesen: Bei größeren Anschaffungen wartest du mindestens einen Tag, bevor du die Kaufentscheidung triffst. Oft stellt sich heraus, dass der anfängliche Kaufimpuls nach dieser Bedenkzeit verfliegt. Diese Regel hat noch einen weiteren Vorteil: Du hast Zeit, um Preise zu vergleichen und nach Alternativen zu suchen.

Ein weiteres hilfreiches Konzept ist die „Cost per Use"-Berechnung. Statt nur den Kaufpreis zu betrachten, teilst du ihn durch die erwartete Anzahl der Nutzungen. Ein qualitativ hochwertiger Mantel für 200 Euro, den du über fünf Jahre wöchentlich trägst, kostet pro Nutzung weniger als ein billiger Mantel für 50 Euro, der nach einer Saison unbrauchbar ist.

Digitales Detox für dein Budget

Ein oft übersehener Aspekt des bewussten Konsums ist der digitale Bereich. Die Digitalisierung hat neue Konsumformen geschaffen, die besonders tückisch sein können, weil sie oft „unsichtbar" sind. Streamingdienste, Cloud-Speicher, App-Abonnements, In-App-Käufe – all diese kleinen monatlichen Ausgaben summieren sich zu beträchtlichen Beträgen.

Mach einmal den Test und liste alle deine digitalen Abonnements auf. Wie viele Streamingdienste nutzt du wirklich regelmäßig? Brauchst du wirklich drei verschiedene Cloud-Speicher? Oft zahlen wir aus Gewohnheit oder Bequemlichkeit weiter, obwohl wir die Dienste kaum noch nutzen.

Auch beim Hardware-Konsum lohnt sich ein bewusster Ansatz. Der Druck, immer das neueste Smartphone-Modell zu besitzen, ist enorm.

Dabei reicht ein gut erhaltenes Vorjahresmodell oft völlig aus – zu einem Bruchteil des Preises. Zudem gibt es mittlerweile viele Anbieter, die sich auf die Reparatur von Smartphones spezialisiert haben. Das ist nicht nur günstiger als ein Neukauf, sondern schont auch die Umwelt.

Nachhaltigkeit als Sparmodell

Ein weitverbreiteter Irrtum ist die Annahme, dass nachhaltiger Konsum automatisch teurer ist. Tatsächlich kann bewusstes, nachhaltiges Konsumieren sogar Geld sparen. Nehmen wir das Beispiel Wasser: Ein Wassersprudler kostet vielleicht rund 100 Euro. Wenn du ansonsten im Durchschnitt täglich zwei Flaschen Wasser für 50 Cent kaufst, hat sich die Investition in einen Wassersprudler bereits nach etwas mehr als drei Monaten amortisiert. Danach sparst du nicht nur Geld, sondern vermeidest auch unnötigen Plastikmüll.

Ähnlich verhält es sich mit Energiekosten. LED-Lampen sind in der Anschaffung teurer als herkömmliche Glühbirnen, verbrauchen aber nur einen Bruchteil des Stroms und halten deutlich länger. Eine Familie kann durch den kompletten Umstieg auf LED-Beleuchtung mehrere Hundert Euro pro Jahr sparen. Auch der Austausch alter Haushaltsgeräte gegen energieeffiziente Modelle rechnet sich oft schon nach wenigen Jahren.

Sharing Economy als Zukunftsmodell

Ein besonders spannender Trend ist die Sharing Economy. Das Prinzip ist einfach: Statt alles selbst zu besitzen, teilen wir Ressourcen. Das spart nicht nur Geld, sondern auch Platz und schont die Umwelt. Carsharing ist dabei nur die Spitze des Eisbergs. Es gibt mittlerweile Plattformen für das Teilen von Werkzeugen, Sportausrüstung, Festkleidung und sogar Gärten.

Die Vorteile liegen auf der Hand. Du zahlst nur für die tatsächliche Nutzung, sparst dir Wartung und Reparaturen und musst keinen

Stauraum für selten genutzte Gegenstände bereitstellen. Besonders in Städten entwickeln sich zunehmend lokale Sharing-Communitys, die neben den praktischen Vorteilen auch soziale Kontakte und gegenseitige Unterstützung bieten.

Secondhand – die unterschätzte Alternative

Der Secondhandmarkt hat sich in den letzten Jahren stark gewandelt. Aus den verstaubten Trödelläden von früher sind moderne Vintage-Boutiquen und professionelle Onlineplattformen geworden. Dabei geht es längst nicht mehr nur um Kleidung. Von Möbeln über Elektronik bis hin zu Luxusartikeln – gebrauchte Waren sind oft in hervorragendem Zustand und kosten nur einen Bruchteil des Neupreises.

Besonders interessant ist der Trend zu „Preloved Luxury". Hochwertige Designertaschen oder Uhren verlieren oft kaum an Wert, manche gewinnen sogar. Wer clever kauft und pflegt, kann beim späteren Verkauf sogar Gewinn machen.

Lebensmittelverschwendung – der teure Müll

Ein besonders wichtiger Aspekt des bewussten Konsums ist der Umgang mit Lebensmitteln. Laut Statistischem Bundesamt werfen wir jedes Jahr pro Person durchschnittlich 75 Kilogramm Lebensmittel weg. Das sind schnell mehrere Hundert Euro, die buchstäblich im Müll landen. Die gute Nachricht: Mit einfachen Strategien lässt sich das deutlich reduzieren.

„Meal Planning" ist dabei ein wichtiges Stichwort. Statt spontan einzukaufen, planst du deine Mahlzeiten im Voraus. Das spart nicht nur Geld beim Einkauf, sondern reduziert auch Stress im Alltag. Auch der richtige Umgang mit Haltbarkeitsdaten ist wichtig. Das „Mindestens haltbar bis"-Datum ist kein Verfallsdatum – viele Lebensmittel sind noch lange danach genießbar.

Apps gegen Lebensmittelverschwendung sind ein interessanter neuer Trend. Sie verbinden Restaurants und Supermärkte mit Verbrauchern, um überschüssige Lebensmittel zu einem reduzierten Preis zu verkaufen. Das verringert nicht nur die Lebensmittelverschwendung, sondern schont auch den Geldbeutel.

Minimalismus – weniger ist mehr

Der minimalistische Lebensstil gewinnt zunehmend an Popularität. Dabei geht es nicht darum, in einer leeren Wohnung zu leben, sondern darum, sich auf das Wesentliche zu konzentrieren. Der Ansatz ist einfach. Weniger Besitz bedeutet weniger Kosten, weniger Stress und mehr Freiheit.

Ein minimalistischer Ansatz kann auch beim Aufbau einer Garderobe helfen. Statt vieler günstiger Teile, die schnell aus der Mode kommen oder unbrauchbar werden, investierst du in wenige, hochwertige Basics. Das „Capsule Wardrobe"-Konzept basiert auf dieser Idee: eine begrenzte Anzahl zeitloser Kleidungsstücke, die sich vielfältig kombinieren lassen.

Der Weg zur finanziellen Freiheit

Bewusster Konsum ist oft der erste Schritt zur finanziellen Freiheit. Wenn du lernst, deine Konsumgewohnheiten zu hinterfragen und bewusste Entscheidungen zu treffen, schaffst du automatisch mehr finanziellen Spielraum. Das gesparte Geld kannst du dann in deine Zukunft investieren – sei es in Bildung, in Geldanlagen oder in den Aufbau eines eigenen Unternehmens.

Dabei ist wichtig zu verstehen: Bewusster Konsum bedeutet nicht Verzicht, sondern eine Verschiebung der Prioritäten. Statt Geld für kurzlebige Trends auszugeben, investierst du in Dinge, die dir wirklich wichtig sind und langfristig Freude bereiten. Diese Entscheidung macht dich nicht nur finanziell unabhängiger, sondern trägt auch zu einem nachhaltigeren Lebensstil bei.

Die Kraft der kleinen Entscheidungen

Bewusster Konsum manifestiert sich in den täglichen Entscheidungen – der Kaffee im Mehrwegbecher statt im Einwegbecher, der Gang zum lokalen Markt statt zum Discounter, die Reparatur der kaputten Hose statt des Neukaufs. Jede dieser Entscheidungen mag für sich genommen klein erscheinen, in Summe machen sie aber einen großen Unterschied – für dein Budget und für die Umwelt.

Das Schöne daran: Jeder kann sofort anfangen. Du musst nicht dein ganzes Leben umkrempeln. Beginne mit kleinen Veränderungen und baue diese nach und nach aus. Der Schlüssel zum Erfolg liegt in der Balance. Es geht nicht darum, jeden Euro dreimal umzudrehen oder sich jeden Wunsch zu versagen. Bewusster Konsum bedeutet, informierte Entscheidungen zu treffen und die langfristigen Auswirkungen des eigenen Handelns zu berücksichtigen.

25 ETHISCHES UND NACHHALTIGES INVESTIEREN – EINE NEUE DIMENSION DER GELDANLAGE

Die Finanzwelt befindet sich im Wandel. Während es früher ausschließlich um Rendite ging, rückt heute zunehmend eine weitere Dimension in den Fokus: die Frage nach der gesellschaftlichen und ökologischen Wirkung unserer Investments. Dieser Trend ist kein vorübergehendes Phänomen, sondern Ausdruck eines fundamentalen Umdenkens in der Gesellschaft. Immer mehr Menschen wollen wissen, was ihr Geld eigentlich bewirkt. Unterstützt es Unternehmen, die zur Lösung globaler Herausforderungen beitragen? Oder fließt es in Geschäftsmodelle, die unseren Planeten belasten?

Diese Fragen sind berechtigt, denn mit unseren Investitionsentscheidungen gestalten wir die Wirtschaft von morgen mit. Wenn wir Aktien oder Anleihen eines Unternehmens kaufen, stellen wir diesem indirekt Kapital zur Verfügung. Wir werden zu Miteigentümern und profitieren von dessen Erfolg – tragen aber auch eine gewisse Mitverantwortung.

Die Grundlagen nachhaltiger Geldanlagen sind dabei komplexer, als es auf den ersten Blick erscheint. Im Zentrum stehen die ESG-Kriterien, die einen strukturierten Rahmen für die Bewertung von Unternehmen bieten:

Das „E" steht für Environmental (Umwelt) und untersucht, wie ein Unternehmen mit natürlichen Ressourcen umgeht. Dabei geht es um weit mehr als nur den CO_2-Ausstoß. Auch der Wasserverbrauch, die

Biodiversität am Produktionsstandort oder das Abfallmanagement spielen eine wichtige Rolle.

Das „S" für Social (Soziales) nimmt die Beziehungen des Unternehmens zu seinen Stakeholdern unter die Lupe. Wie geht die Firma mit ihren Mitarbeitern um? Zahlt sie faire Löhne? Wie sieht es mit Arbeitsschutz und Weiterbildungsmöglichkeiten aus? Zudem werden der Umgang mit Zulieferern und die Auswirkungen auf lokale Gemeinschaften betrachtet.

Das „G" für Governance (Unternehmensführung) analysiert die Qualität der Unternehmensführung. Gibt es effektive Kontrollmechanismen? Wie transparent ist die Kommunikation? Werden Aktionärsrechte respektiert? Ein besonderes Augenmerk liegt auf der Verhinderung von Korruption und der Diversität in Führungspositionen.

Die Gewichtung dieser Kriterien ist dabei keine exakte Wissenschaft. Verschiedene Ratingagenturen und Fondsanbieter haben unterschiedliche Methoden entwickelt, um Unternehmen nach ESG-Kriterien zu bewerten. Das führt manchmal zu überraschenden Ergebnissen: Ein Unternehmen kann bei einer Agentur als sehr nachhaltig eingestuft werden, während eine andere zu einem kritischeren Urteil kommt.

Ein Beispiel macht das deutlich: Ein Autohersteller entwickelt hocheffiziente Elektrofahrzeuge und reduziert damit den CO2-Ausstoß im Verkehrssektor. Das ist positiv für die Umweltkomponente. Wenn das Unternehmen aber seine Batterien unter fragwürdigen Arbeitsbedingungen produzieren lässt, verschlechtert das die soziale Bewertung. Und wenn dann noch Ungereimtheiten in der Bilanzierung auftauchen, leidet auch die Governance-Note.

Diese Komplexität macht deutlich, warum eine gründliche Analyse so wichtig ist. Es reicht nicht, sich von schönen Nachhaltigkeitsberichten oder grünen Marketingversprechen blenden zu lassen. Hier kommt das Konzept des Impact Investing ins Spiel – ein Ansatz, der über die reine ESG-Bewertung hinausgeht.

Impact Investing konzentriert sich auf die messbare positive Wirkung einer Investition. Es geht nicht nur darum, Schaden zu vermeiden, sondern aktiv zur Lösung gesellschaftlicher oder ökologischer Probleme beizutragen. Ein Impact Investment muss dabei zwei Kriterien erfüllen: Es muss eine konkrete, messbare positive Wirkung haben und gleichzeitig eine finanzielle Rendite erwirtschaften.

Die Messung dieser Wirkung ist dabei eine eigene Wissenschaft. Wie quantifiziert man zum Beispiel den sozialen Nutzen eines Bildungsprojekts? Oder die langfristigen Auswirkungen einer Aufforstungsmaßnahme? Hier haben sich verschiedene Standards und Methoden entwickelt. Einige fokussieren sich auf quantitative Kennzahlen wie eingesparte CO_2-Emissionen oder geschaffene Arbeitsplätze. Andere versuchen auch qualitative Aspekte wie verbesserte Lebensbedingungen oder ein gestärktes Gemeinwesen zu erfassen.

Die konkreten Möglichkeiten für nachhaltige Investments sind heute vielfältiger denn je. Der einfachste Einstieg sind nachhaltige ETFs. Diese funktionieren wie klassische ETFs, wenden aber zusätzliche Nachhaltigkeitskriterien an. Dabei gibt es verschiedene Ansätze:

» **Best-in-Class-ETFs** investieren in die nachhaltigsten Unternehmen einer Branche. Der Vorteil ist die breite Streuung über alle Wirtschaftssektoren. Kritiker bemängeln allerdings, dass auch problematische Branchen wie die Ölindustrie vertreten sind – wenn auch mit ihren „saubereren" Vertretern.

» **Ausschluss-ETFs** hingegen definieren bestimmte Geschäftsfelder oder Praktiken, in die sie nicht investieren. Typische Ausschlusskriterien sind Waffen, Tabak, Glücksspiel oder Kernenergie. Manche schließen auch fossile Brennstoffe komplett aus.

» **Thematische ETFs** konzentrieren sich auf bestimmte Nachhaltigkeitsthemen wie erneuerbare Energien, Wasseraufbereitung oder nachhaltige Mobilität. Diese Fonds sind stärker fokussiert, was höhere Renditechancen, aber auch größere Risiken bedeuten kann.

Mit wenig Geld Großes bewirken

Ein besonders spannendes Feld sind Mikrofinanz-Investments. Sie ermöglichen es Kleinunternehmern in Entwicklungsländern, ihr Geschäft aufzubauen oder zu erweitern. Anders als bei klassischen Entwicklungshilfeprojekten geht es hier um echte Investitionen: Die Kredite werden verzinst zurückgezahlt, was den Aufbau nachhaltiger wirtschaftlicher Strukturen fördert.

Ein Beispiel: Eine Schneiderin in Indien erhält einen Mikrokredit in Höhe von umgerechnet über 500 Euro, um eine zusätzliche Nähmaschine zu kaufen. Damit kann sie eine Mitarbeiterin einstellen und ihre Produktion ausweiten. Der Kredit wird aus den zusätzlichen Einnahmen zurückgezahlt. Am Ende haben alle gewonnen: Die Schneiderin hat ihr Geschäft vergrößert, eine neue Arbeitsstelle wurde geschaffen und der Investor erhält sein Geld plus Zinsen zurück.

Allerdings gibt es auch Kritik am Mikrofinanz-Sektor. Hohe Zinsen, aggressive Vertriebsmethoden und mangelnde Transparenz haben in der Vergangenheit zu Problemen geführt. Eine sorgfältige Auswahl seriöser Anbieter ist daher besonders wichtig.

Große Klappe, aber nichts dahinter

Ein wachsendes Problem im Bereich nachhaltiger Investments ist das sogenannte Greenwashing. Dabei versuchen Unternehmen oder Finanzprodukte, sich „grüner“ darzustellen, als sie tatsächlich sind. Die Methoden werden dabei immer ausgefeilter. Manchmal werden einzelne positive Aspekte überbetont, während problematische Bereiche verschwiegen werden. Oder es werden vage Formulierungen wie „klimafreundlich“ oder „nachhaltig orientiert“ verwendet, ohne dass dahinter konkrete Maßnahmen stehen.

Ein klassisches Beispiel ist der Investmentfonds, der sich als „nachhaltig“ vermarktet, aber bei genauerem Hinsehen kaum strenger bei der Titelauswahl ist als konventionelle Fonds. Oder das Unternehmen, das seine Recycling-Initiative groß bewirbt, während sein Kerngeschäft weiterhin stark umweltbelastend ist.

Um Greenwashing zu erkennen, hilft ein kritischer Blick auf folgende Aspekte: Wie konkret sind die Nachhaltigkeitsversprechen? Gibt es messbare Ziele und transparente Berichte über deren Umsetzung? Wie hoch ist der Anteil wirklich nachhaltiger Aktivitäten am Gesamtgeschäft?

Eine wichtige Orientierung bieten dabei verschiedene Nachhaltigkeitssiegel und -ratings. Das bekannteste im deutschsprachigen Raum ist das FNG-Siegel des Fachverbands Forum Nachhaltige Geldanlagen. Er bewertet Investmentfonds nach einem mehrstufigen Verfahren und vergibt bis zu drei Sterne für besonders hohe Nachhaltigkeitsstandards. Dabei werden nicht nur die Anlagekriterien geprüft, sondern auch die Qualität der ESG-Analyse und das Engagement des Fondsanbieters.

Internationale Bedeutung haben die UNPRI (Principles for Responsible Investment). Unterzeichner dieser Prinzipien verpflichten sich, ESG-Kriterien in ihre Investmentprozesse zu integrieren. Allerdings ist dies mehr eine Absichtserklärung als eine strenge Kontrolle.

Ein interessanter Trend sind die EU-Taxonomie und weitere regulatorische Initiativen. Die Europäische Union entwickelt derzeit ein einheitliches Klassifizierungssystem für nachhaltige Wirtschaftsaktivitäten. Das soll mehr Transparenz schaffen und Greenwashing erschweren. Allerdings zeigen die Diskussionen um die Einstufung von Atomkraft und Gas, wie komplex und politisch aufgeladen solche Definitionen sein können.

Mit gutem Gewissen ein Loch im Depot?

Die Frage der Rendite beschäftigt viele potenzielle nachhaltige Investoren. Lange hielt sich das Vorurteil, dass nachhaltiges Investieren automatisch Renditeverzicht bedeutet. Die Realität ist differenzierter. Einige Studien zeigen, dass nachhaltige Investments im Durchschnitt ähnliche Renditen erzielen wie konventionelle Anlagen. In bestimmten Phasen, etwa während der Coronakrise, schnitten sie sogar besser ab. Andere Untersuchungen kommen zu gemischteren Ergebnissen.

Letztlich kommt es auf die konkrete Anlagestrategie und den Zeithorizont an. Wer bestimmte Branchen komplett ausschließt, verzichtet möglicherweise auf Renditechancen in diesen Sektoren. Andererseits können Unternehmen mit nachhaltigen Geschäftsmodellen von langfristigen Trends wie der Energiewende profitieren.

Eine realistische Einschätzung könnte lauten: Nachhaltiges Investieren muss nicht zu Renditenachteilen führen, garantiert aber auch keine Überrenditen. Wichtig ist ein ausgewogener Ansatz, der Nachhaltigkeitskriterien mit soliden Investmentprinzipien wie Diversifikation und Kosteneffizienz verbindet. Und noch wichtiger ist, dass du dich mit deinen Investments wohlfühlst. Was bringt dir eine leichte Überrendite, wenn du aufgrund eines schlechten Gewissens nicht ruhig schlafen kannst?

Abb. 15: MSCI-World-Vergleichschart

Ein nachhaltiger ETF muss nicht zwingend schlecht performen. Seit 2018 ist zum Beispiel ein nachhaltiger MSCI-World-ETF (WKN A2DVB9) besser gelaufen als ein klassischer ETF (WKN A0RPWH).

Abschließend lässt sich sagen, dass die Zukunft des nachhaltigen Investierens spannend bleiben wird. Mit zunehmender Regulierung und besseren Messmethoden dürften die Standards steigen und Greenwashing schwieriger werden. Gleichzeitig entstehen ständig neue Anlagemöglichkeiten, etwa im Bereich der Kreislaufwirtschaft oder der regenerativen Landwirtschaft. Wer heute in diese Zukunftsthemen investiert, kann nicht nur eine attraktive Rendite erzielen, sondern auch aktiv zu einer nachhaltigeren Wirtschaft beitragen.

Teil 9

GELD UND BEZIEHUNGEN

26 FINANZEN IN DER FAMILIE

Geld ist in Familien oft ein heikles Thema. Entweder wird gar nicht darüber gesprochen oder aber es sorgt für jede Menge Zündstoff. Dabei prägt der familiäre Umgang mit Finanzen unser Verhältnis zu Geld ein Leben lang. An dieser Stelle möchte ich dir zeigen, wie du offen und konstruktiv mit dem Thema Geld in der Familie umgehen kannst.

Der Einfluss der Familie auf unser Finanzverhalten ist viel größer, als die meisten denken. Die Art und Weise, wie unsere Eltern mit Geld umgegangen sind, bestimmt oft unbewusst unsere eigenen finanziellen Entscheidungen. Manche Menschen sparen zwanghaft, weil sie in einem Haushalt aufgewachsen sind, in dem jeder Euro zweimal umgedreht wurde. Andere geben ihr Geld schnell aus, weil sie nie gelernt haben, damit hauszuhalten.

Die finanzielle Bildung beginnt dabei schon früh – und zwar mit dem Taschengeld. Ich sehe Taschengeld als eine Art „Führerschein" für den Umgang mit Geld. Es geht nicht nur darum, Kindern und Jugendlichen etwas Geld für die Erfüllung ihrer Wünsche zu geben. Vielmehr ist es ein Werkzeug, um grundlegende finanzielle Fähigkeiten zu entwickeln.

Finanzielle Bildung in der Familie

Der Umgang mit Geld will gelernt sein – am besten von klein auf. Ein regelmäßiges Taschengeld ist dabei der erste Schritt. Die Höhe sollte dem Alter angemessen sein und es sollte vor allem regelmäßig gezahlt werden. Dabei ist weniger oft mehr. Ein zu hohes Taschengeld kann kontraproduktiv sein, weil es den Wert des Geldes nicht richtig vermittelt.

Wichtig ist auch der richtige Zeitpunkt für die erste Überweisung. Während Bargeld für jüngere Kinder greifbarer ist, macht es Sinn, für Kinder ab etwa zwölf Jahren ein eigenes Jugendgirokonto einzurichten. Das Führen eines Kontos, das Überprüfen des Kontostands und das Einteilen des Geldes sind wichtige Erfahrungen.

Die Kunst besteht darin, Kindern und Jugendlichen die richtigen finanziellen Freiheiten zu geben. Zu viele Vorschriften können ebenso problematisch sein wie zu wenig Orientierung. Ein guter Ansatz ist das „Lernkonto“: Das Taschengeld wird auf einem separaten Konto eingezahlt, über das der Nachwuchs frei verfügen kann – allerdings nur im Rahmen des verfügbaren Betrags.

Generationenübergreifende Finanzgespräche

Eine offene Kommunikation über Geld in der Familie ist Gold wert. Dabei geht es nicht darum, ständig über Finanzen zu sprechen. Vielmehr sollte es normal sein, finanzielle Themen anzusprechen – sei es die Planung größerer Anschaffungen, die Diskussion über Sparziele oder auch mal ein Gespräch über finanzielle Sorgen.

Gerade in schwierigen Zeiten zeigt sich, wie wichtig ein offener Umgang mit dem Thema Geld ist. Wenn die Familie gemeinsam durch eine finanzielle Krise geht, kann das sogar den Zusammenhalt stärken – vorausgesetzt, alle ziehen an einem Strang und kommunizieren ehrlich miteinander.

Finanzielle Unterstützung innerhalb der Familie

Geld in der Familie zu leihen ist ein zweischneidiges Schwert. Einerseits ist es oft die einfachste und günstigste Lösung, wenn mal finanzielle Engpässe auftreten. Andererseits können daraus schnell emotionale Verstrickungen und Konflikte entstehen.

Wenn Geld innerhalb der Familie verliehen wird, sollten einige grundlegende Regeln beachtet werden. Zunächst einmal ist es wichtig, die Situation nüchtern zu analysieren: Ist ein Familienkredit wirklich die beste Lösung? Welche Alternativen gibt es? Kann der Kreditnehmer die Rückzahlung realistisch stemmen?

Auch wenn es unter Familienmitgliedern vielleicht befremdlich erscheint – eine schriftliche Vereinbarung ist bei größeren Beträgen unerlässlich. Sie schützt beide Seiten vor Missverständnissen und macht die Abmachung verbindlich. Dabei müssen folgende Punkte klar geregelt sein:

» die Höhe des Darlehens und eventuelle Zinsen
» der Rückzahlungsplan mit konkreten Terminen
» was bei Zahlungsverzug geschehen soll
» besondere Vereinbarungen (etwa die vorzeitige Rückzahlung)

Intergenerationale Vermögensübertragung

Ein oft vernachlässigtes Thema ist die Weitergabe von Vermögen zwischen den Generationen. Ob Erbe oder Schenkung – der Transfer von Vermögenswerten will gut geplant sein. Dabei geht es nicht nur um rechtliche und steuerliche Aspekte, sondern auch um die emotionale Dimension.

Viele Familien scheuen sich, über das Thema Erbe zu sprechen. Das ist verständlich, aber nicht hilfreich. Eine frühzeitige und offene Kommunikation kann spätere Konflikte vermeiden. Dabei sollten nicht nur materielle Werte im Fokus stehen, sondern auch immaterielle – wie etwa das Weitergeben von finanziellem Wissen und Erfahrungen.

Die richtige Balance zwischen Fördern und Fordern

Eine zentrale Herausforderung in der finanziellen Erziehung ist die Balance zwischen Unterstützung und Eigenverantwortung. Zu viel finanzielle Hilfe kann die Entwicklung von Eigenständigkeit behindern. Zu wenig Unterstützung kann dagegen zu unnötigen Härten führen.

Ein guter Ansatz ist das „gestaffelte Verantwortungssystem": Mit zunehmendem Alter übernehmen Jugendliche schrittweise mehr finanzielle Verantwortung. Das beginnt beim eigenverantwortlichen Umgang mit dem Taschengeld und geht über die Verwaltung eines Kleidungsbudgets bis hin zur kompletten finanziellen Selbstständigkeit.

Dabei ist es wichtig, Fehler zuzulassen. Wenn das Taschengeld schon nach einer Woche ausgegeben ist oder eine Anschaffung sich im Nachhinein als Fehlkauf erweist, sind das wertvolle Lernerfahrungen. Solange der finanzielle Rahmen überschaubar bleibt, können solche „Fehler" sogar sehr lehrreich sein.

Doch auch im familiären Rahmen gibt es inzwischen dank der Digitalisierung nützliche Helferlein. Smartphone-Apps für Taschengeld, digitale Spardosen oder Familienkonten mit mehreren Zugängen bieten neue Möglichkeiten der finanziellen Bildung. Gleichzeitig entstehen neue Herausforderungen wie In-App-Käufe oder Onlineshopping. Hier ist es wichtig, Kinder und Jugendliche schrittweise an die digitale Finanzwelt heranzuführen. Das beginnt bei der sicheren Nutzung von Banking-Apps und geht bis zum verantwortungsvollen Umgang mit Online-Bezahlsystemen. Weitere praktische Tools für die finanzielle Bildung in der Familie sowie aktuelle App-Empfehlungen findest du auf timo-finanztipp.de.

27 FINANZEN IN FREUNDSCHAFTEN UND PARTNERSCHAFTEN – WENN GELD UND BEZIEHUNGEN AUFEINANDERTREFFEN

„Beim Geld hört die Freundschaft auf" – diesen Spruch hast du bestimmt schon mal gehört. Ich finde aber, das muss nicht sein! Im Gegenteil, der richtige Umgang mit Geld kann Beziehungen sogar stärken. In diesem Kapitel zeige ich dir, wie du das Thema Finanzen in deinen Beziehungen souverän meisterst.

Der Alltag bietet unzählige Situationen, in denen Geld und Beziehungen aufeinandertreffen. Ob es der gemeinsame Restaurantbesuch ist, die Urlaubsplanung oder das Zusammenleben – überall spielt Geld eine Rolle. Dabei ist es oft gar nicht so sehr die Höhe der Beträge, die Probleme verursacht, sondern der Umgang damit.

Die Kunst der fairen Kostenaufteilung

Gerade am Anfang einer Freundschaft oder Beziehung ist es wichtig, klare Regeln für den Umgang mit gemeinsamen Ausgaben zu etablieren. Dabei gibt es kein universelles Richtig oder Falsch – entscheidend ist, dass sich alle Beteiligten damit wohlfühlen.

Eine Methode, die sich bewährt hat, ist das „Fair-Share-Prinzip". Statt bei jeder Kleinigkeit genau abzurechnen, achtet man darauf, dass sich die Ausgaben über die Zeit ausgleichen. Mal zahlst du das Kino, beim nächsten Mal übernimmt dein Freund die Pizzeria. Das funktioniert gut bei Menschen mit ähnlichen finanziellen Möglichkeiten und einem vergleichbaren Konsumverhalten.

Komplizierter wird es, wenn die Einkommensverhältnisse stark unterschiedlich sind. Hier kann eine prozentuale Aufteilung sinnvoll sein. Das bedeutet, jeder trägt entsprechend seiner finanziellen Möglichkeiten bei. Wenn dein Partner beispielsweise doppelt so viel verdient wie du, könnte er auch einen größeren Anteil der gemeinsamen Ausgaben übernehmen. Wichtig ist, dass beide Partner sich mit dieser Lösung wohlfühlen und keiner von beiden das Gefühl hat, ausgenutzt zu werden oder in der Schuld des anderen zu stehen.

Gemeinschaftskassen – mehr als nur ein Topf für Geld

Eine Gemeinschaftskasse kann ein praktisches Werkzeug sein, um gemeinsame Ausgaben zu organisieren. Dabei zahlen alle Beteiligten regelmäßig einen vereinbarten Betrag ein und von dem angesammelten Geld werden dann gemeinsame Aktivitäten oder Anschaffungen finanziert. Der Vorteil: Man muss nicht bei jeder Kleinigkeit neu diskutieren, wer was zahlt.

Allerdings braucht auch eine Gemeinschaftskasse klare Regeln. Wer verwaltet das Geld? Wofür darf es ausgegeben werden? Wie wird dokumentiert, was rein- und was rausgeht? Transparenz ist hier der Schlüssel zum Erfolg. Eine gemeinsame Übersicht, zum Beispiel in einer Excel-Tabelle oder einer speziellen App, hilft dabei, den Überblick zu behalten.

Die digitale Revolution hat auch die gemeinsame Finanzverwaltung vereinfacht. Es gibt mittlerweile zahlreiche Apps, die das Splitting von Ausgaben zum Kinderspiel machen. Sie ermöglichen es, Ausgaben zu protokollieren, automatisch aufzuteilen und Schulden zu verfolgen. Einige dieser Tools werden dir auf timo-finanztipp.de vorgestellt.

Geld und Vertrauen – das sensible Fundament

Vertrauen ist die Basis jeder guten Beziehung – das gilt besonders beim Thema Geld. Eine offene Kommunikation über finanzielle Themen sollte deshalb von Anfang an selbstverständlich sein. Das bedeutet nicht, dass du jeden Cent offenlegen musst, aber grundsätzliche Dinge wie deine finanzielle Situation, deine Einstellung zu Geld und deine finanziellen Ziele sollten kein Tabuthema sein.

Besonders in Partnerschaften ist es wichtig, regelmäßig über Geld zu sprechen. Das muss natürlich kein formelles Meeting sein – oft ergeben sich solche Gespräche ganz natürlich, wenn man gemeinsam Pläne schmiedet oder Entscheidungen trifft. Wichtig ist dabei, dass beide Partner sich auf Augenhöhe begegnen und ihre jeweiligen finanziellen Vorstellungen und Bedürfnisse respektieren.

Ein heikles Thema sind Schulden zwischen Freunden. Meine klare Empfehlung: Sei sehr vorsichtig damit, Freunden größere Summen zu leihen oder von ihnen zu borgen. Wenn es sich nicht vermeiden lässt, solltet ihr die Vereinbarung schriftlich festhalten – nicht weil ihr einander nicht vertraut, sondern um Missverständnisse zu vermeiden.

Konflikte konstruktiv lösen

Wo Menschen zusammenleben, gibt es auch mal Konflikte – das gilt auch für finanzielle Themen. Der Schlüssel zur Lösung liegt meist in der Art, wie wir darüber sprechen. Statt dem Partner Vorwürfe zu machen („Du gibst immer so viel Geld für unnötiges Zeug aus!"), ist es besser, von den eigenen Gefühlen und Bedürfnissen zu sprechen („Ich mache mir Sorgen um unsere gemeinsamen Sparziele!").

Ein häufiger Konfliktpunkt sind unterschiedliche finanzielle Gewohnheiten und Prioritäten. Während der eine jeden Euro zweimal umdreht, gibt der andere gern spontan Geld aus. Hier ist es wichtig zu verstehen, dass keine dieser Haltungen „richtig" oder „falsch" ist – es sind einfach verschiedene Umgangsweisen mit Geld, die oft tief in unserer Persönlichkeit und Erziehung wurzeln.

In Freundschaften können unterschiedliche finanzielle Möglichkeiten zu Spannungen führen. Wenn sich einige aus dem Freundeskreis teure Aktivitäten leisten können, andere aber nicht, braucht es Fingerspitzengefühl und Kompromissbereitschaft. Manchmal bedeutet das, günstigere Alternativen zu finden oder Aktivitäten so zu planen, dass alle teilnehmen können.

Die Rolle der Transparenz

Ein oft unterschätzter Aspekt ist die Bedeutung von Transparenz in finanziellen Angelegenheiten. Das bedeutet nicht, dass jeder Cent offengelegt werden muss, aber grundlegende Klarheit über die finanzielle Situation sollte herrschen. In einer Partnerschaft ist es wichtig zu wissen, welche finanziellen Verpflichtungen der andere hat, welche Schulden eventuell bestehen und welche größeren Ausgaben geplant sind.

Diese Offenheit sollte aber nie als Kontrolle missverstanden werden. Jeder Partner sollte ein gewisses Maß an finanzieller Autonomie behalten. Ein „Taschengeld", über das jeder frei verfügen kann, ohne sich rechtfertigen zu müssen, kann dabei helfen, die Balance zwischen gemeinsamer Verantwortung und persönlicher Freiheit zu wahren.

Auch in Freundschaften ist Transparenz wichtig, allerdings auf einer anderen Ebene. Hier geht es mehr darum, offen zu kommunizieren, wenn bestimmte Aktivitäten das Budget übersteigen oder wenn man sich unwohl damit fühlt, wie Kosten aufgeteilt werden.

Der Umgang mit unterschiedlichen Lebensphasen

Menschen entwickeln sich unterschiedlich schnell – auch finanziell. Während einige schon früh im Berufsleben stehen und gut verdienen, studieren andere noch oder machen eine Ausbildung. Diese unterschiedlichen Lebensphasen können Freundschaften auf die Probe stellen.

Ein offener und verständnisvoller Umgang mit diesen Unterschieden ist wichtig. Das bedeutet auch, die eigenen Erwartungen anzupassen und kreative Lösungen zu finden. Vielleicht kann der besserverdienende Freund öfter mal die Rechnung übernehmen, während der andere sich durch nicht-monetäre Beiträge revanchiert.

Besonders in langjährigen Freundschaften ist es wichtig, diese Unterschiede nicht zu einem Störfaktor werden zu lassen. Oft reicht es schon, bei der Planung etwas umzudenken – auch einfache Unternehmungen können genauso schön sein.

Gemeinsam wachsen

Der richtige Umgang mit Geld in Beziehungen ist eine Fähigkeit, die sich entwickeln muss. Wichtig ist, dass alle Beteiligten bereit sind, offen über das Thema zu sprechen und gemeinsam Lösungen zu finden. Dabei gibt es keine universellen Regeln – jede Beziehung muss ihren eigenen Weg im Umgang mit Finanzen finden.

Letztlich geht es darum, einen Rahmen zu schaffen, in dem sich alle wohlfühlen und der es ermöglicht, gemeinsam zu wachsen – sowohl in der Beziehung als auch finanziell. Mit der richtigen Einstellung und klaren Absprachen kann das Thema Geld Beziehungen sogar stärken, statt sie zu belasten.

28
RECHTLICHE ASPEKTE – HEUTE SCHON AN MORGEN DENKEN

Das regele ich später" – diesen Satz höre ich oft, wenn es um rechtliche Vorsorge geht. Gerade bei jungen Menschen steht das Thema meist ganz unten auf der Prioritätenliste. Dabei ist es wie mit einer Versicherung: Du hoffst, sie nie zu brauchen, bist aber froh, wenn du sie hast. In diesem Kapitel zeige ich dir, warum du dich schon jetzt mit rechtlicher Vorsorge beschäftigen solltest und wie du das ganz praktisch angehst.

Stell dir vor, du liegst nach einem Unfall im Krankenhaus und kannst keine Entscheidungen mehr selbst treffen. Wer regelt dann deine Bankgeschäfte? Wer entscheidet über medizinische Behandlungen? Viele denken, dass automatisch die Familie diese Aufgaben übernimmt. Das stimmt aber nicht! Ohne entsprechende Vollmachten hat niemand das Recht, für dich zu entscheiden – auch deine Eltern nicht, sobald du volljährig bist.

Die Vorsorgevollmacht ist dabei ein Generalschlüssel für dein Leben. Du bestimmst eine oder mehrere Personen deines Vertrauens, die dich in allen wichtigen Angelegenheiten vertreten können. Das geht weit über finanzielle Fragen hinaus: Wo sollst du behandelt werden? Welche medizinischen Eingriffe sollen vorgenommen werden? Wer kümmert sich um deine Wohnung und deine Post? All das regelst du mit einer Vorsorgevollmacht.

Die Erstellung einer Vorsorgevollmacht ist einfacher, als du denkst. Du brauchst keinen Anwalt oder Notar, die Vollmacht kann handschriftlich oder am Computer erstellt werden. Wichtig ist aber, dass du sehr genau festlegst, welche Befugnisse du erteilen möchtest. Eine pauschale Formulierung wie „gilt für alles“ ist zu ungenau. Stattdessen solltest du die einzelnen Bereiche konkret benennen: Vermögensvorsorge, Gesundheitsfürsorge, Aufenthaltsbestimmung und so weiter.

Bei der Wahl des Bevollmächtigten ist Vertrauen das A und O. Diese Person erhält weitreichende Befugnisse über dein Leben. Oft werden Eltern oder Geschwister bevollmächtigt, aber auch enge Freunde können infrage kommen. Du kannst auch mehrere Personen benennen und die Aufgaben aufteilen. Zum Beispiel könnte sich dein Bruder um finanzielle Dinge kümmern, während deine beste Freundin für medizinische Entscheidungen zuständig ist.

Die Patientenverfügung geht noch einen Schritt weiter. Hier legst du fest, welche medizinischen Maßnahmen du in bestimmten Situationen wünschst oder ablehnst. Das klingt erst mal nach einem Thema für alte Menschen, ist aber gerade für junge Leute relevant. Denn je früher du deine Wünsche dokumentierst, desto eher werden sie im Ernstfall respektiert.

Bei der Patientenverfügung geht es um grundlegende Fragen: Willst du in bestimmten Situationen künstlich ernährt werden? Welche lebenserhaltenden Maßnahmen sollen ergriffen werden? Wünschst du eine Organspende? Das sind schwierige Entscheidungen, aber es ist besser, sie in Ruhe zu treffen, als sie anderen zu überlassen.

Des Weiteren gibt es noch die Generalvollmacht – sie ist sozusagen die große Schwester der Vorsorgevollmacht. Während die Vorsorgevollmacht erst im Fall deiner Handlungsunfähigkeit wirksam wird, kann die Generalvollmacht auch schon vorher genutzt werden – sie erlaubt einer Vertrauensperson, fast alle finanziellen und rechtlichen Angelegenheiten in deinem Namen zu regeln. Das kann praktisch sein, wenn du beispielsweise längere Zeit im Ausland oder beruflich stark eingespannt bist. Doch Vorsicht: Eine Generalvollmacht ist extrem weitreichend und birgt entsprechende Risiken. Die bevollmächtigte Person könnte theoretisch dein ganzes Vermögen übertragen oder dich hoch verschulden. Deshalb solltest du eine Generalvollmacht wirklich nur bei absolutem Vertrauen erteilen und sehr genau überlegen, ob nicht eine spezielle Vollmacht für konkrete Situationen ausreicht.

Erben ist gar nicht so leicht

Ein weiterer wichtiger Baustein ist das Testament. „Aber ich habe doch noch gar nichts zu vererben!", höre ich oft. Das stimmt meist nicht. Schon ein Auto, ein Sparbuch oder wertvolle elektronische Geräte sind Teil deines Nachlasses. Dazu kommen heute digitale Werte wie Kryptowährungen, Online-Gaming-Accounts oder Social-Media-Profile. Ohne Testament greift die gesetzliche Erbfolge – und die entspricht oft nicht deinen Wünschen.

Das deutsche Erbrecht ist ein komplexes Puzzle. Die gesetzliche Erbfolge bevorzugt zunächst deine Kinder, dann deine Eltern, Geschwister und so weiter. Partner in nicht-ehelichen Lebensgemeinschaften gehen leer aus, egal wie lange sie zusammen waren. Auch enge Freunde haben ohne Testament keine Chance, etwas zu erben.

Ein wichtiges Element im Erbrecht ist der Pflichtteil. Bestimmte Personen – vor allem Kinder, Ehepartner und eingetragene Lebenspartner – haben auch dann Anspruch auf einen Teil des Erbes, wenn sie im Testament nicht bedacht wurden. Der Pflichtteil beträgt die Hälfte des gesetzlichen Erbanspruchs. Das kann besonders bei Patchworkfamilien zu komplizierten Situationen führen.

Für unverheiratete Paare ist die rechtliche Absicherung besonders wichtig. Ohne Testament hat der Partner keinen Anspruch auf das Erbe – auch nicht nach jahrzehntelanger Beziehung. Sozialleistungen wie Witwenrente gibt es nur für Verheiratete. Mit einem gemeinschaftlichen Testament können unverheiratete Paare sich gegenseitig absichern.

Die Form des Testaments ist entscheidend für seine Gültigkeit. Ein privatschriftliches Testament muss vollständig handschriftlich verfasst und unterschrieben sein. Computergeschriebene oder nur unterschriebene Versionen sind ungültig! Ich rate dir dazu, ein notarielles Testament zu errichten. Das kostet zwar Geld, bietet aber mehr Rechtssicherheit und professionelle Beratung.

Ein modernes Testament sollte auch digitale Werte berücksichtigen. Dazu gehören nicht nur Krypto-Wallets und Online-Bankkonten, sondern auch Social-Media-Accounts, Cloud-Speicher oder digitale Sammlungen. Hinterlege Zugangsdaten und Passwörter sicher – aber nicht im Testament selbst, das könnte öffentlich werden.

Sicher aufbewahren und dabeibleiben!

Die sichere Aufbewahrung der Dokumente ist ein oft unterschätzter Aspekt. Eine Vorsorgevollmacht nutzt nichts, wenn sie im Ernstfall nicht gefunden wird. Du kannst wichtige Dokumente beim Amtsgericht hinterlegen oder in einem Bankschließfach aufbewahren. Informiere die bevollmächtigten Personen über den Aufbewahrungsort.

Regelmäßige Überprüfung und Aktualisierung sind ebenfalls wichtig. Lebensumstände ändern sich, Beziehungen auch. Was du mit 20 festgelegt hast, passt vielleicht mit 30 nicht mehr. Plane mindestens alle zwei Jahre eine Überprüfung deiner rechtlichen Vorsorge ein.

Zu spät ist zu spät

Ein besonderer Aspekt ist die Frage der Geschäftsfähigkeit. Vorsorgevollmacht und Testament müssen erstellt werden, solange du voll geschäftsfähig bist. Nach einem Unfall oder bei schwerer Krankheit ist es oft dafür zu spät. Dann wird ein gerichtlicher Betreuer bestellt – ein aufwendiger und teurer Prozess, den du mit rechtzeitiger Vorsorge vermeiden kannst.

Auf timo-finanztipp.de findest du Links zu Mustervorlagen für Vorsorgevollmachten und Patientenverfügungen. Dort gibt es auch Checklisten für die wichtigsten Dokumente und Tipps zur sicheren Aufbewahrung. Denk immer daran: Rechtliche Vorsorge ist keine lästige

Pflicht, sondern ein Akt der Fürsorge – für dich selbst und deine Liebsten. Je früher du diese Dinge regelst, desto entspannter kannst du in die Zukunft blicken. Doch bitte beachte: Dieses Kapitel enthält zahlreiche rechtliche Aspekte. Detaillierte Formulierungsvorschläge und weitere rechtliche Details würden den Rahmen sprengen. Oft sind die Lebens- und Familienumstände extrem komplex, sodass Sonderfälle gelten können. Im Zweifel oder bei Spezialfragen wende dich an Rechtsanwälte oder Notare.

Teil 10

BILDUNG UND KARRIEREPLANUNG

29
INVESTITION IN BILDUNG – DEIN WEG ZUM ERFOLG

Die richtige Bildung ist ein Schlüssel, der dir viele Türen öffnet. Aber welcher Schlüssel passt zu dir? Und wie finanzierst du ihn? Diese Fragen beschäftigen viele junge Menschen. Besonders in einer Zeit, in der sich Berufsbilder rasant verändern und neue Technologien die Arbeitswelt revolutionieren, ist die Wahl des richtigen Bildungswegs entscheidender denn je.

Der Bildungsmarkt gleicht heute einem riesigen Buffet – die Auswahl ist größer denn je. Neben den klassischen Wegen wie Studium oder Ausbildung gibt es zahlreiche Hybridmodelle und Weiterbildungsmöglichkeiten. Diese Vielfalt ist ein Segen, kann aber auch überfordern. Deshalb ist es wichtig, dass du deine Entscheidung wohlüberlegt triffst und alle Optionen kennst.

Die Qual der Wahl: Studium oder Ausbildung?

Die Entscheidung zwischen Studium und Ausbildung ist keine Frage von „besser" oder „schlechter". Es ist vielmehr die Frage, was besser zu dir, deinen Stärken und Zielen passt. Ein Studium bietet dir oft mehr theoretisches Wissen und die Möglichkeit, dich in bestimmte Themen intensiv zu vertiefen. Du lernst wissenschaftliches Arbeiten und entwickelst eine breite analytische Kompetenz. Das kann besonders in Führungspositionen oder bei der späteren Selbstständigkeit von Vorteil sein.

Während eines Studiums befasst du dich nicht nur mit fachspezifischen Inhalten, sondern entwickelst auch wichtige Metakompetenzen. Du verbesserst deine Recherchefähigkeiten, lernst komplexe Zusammenhänge zu verstehen und trainierst dein analytisches Denken. Diese Fähigkeiten sind in vielen Berufsfeldern gefragt, auch wenn sie nicht direkt mit deinem Studienfach zu tun haben.

Allerdings bringt ein Studium auch Herausforderungen mit sich. Du musst dich selbst organisieren, mit abstrakten Konzepten jonglieren und oft lange auf das erste eigene Gehalt warten. Die Theorie steht im Vordergrund, praktische Erfahrungen musst du dir meist durch Praktika oder Nebenjobs selbst aneignen.

Hingegen punktet eine Ausbildung mit einem hohen Praxisbezug und einem frühzeitigen eigenen Einkommen. Du sammelst von Anfang an Berufserfahrung und baust dir ein professionelles Netzwerk auf. Viele Ausbildungsberufe bieten heute exzellente Karrierechancen – oft sogar bessere als manches Studium. Der Fachkräftemangel in vielen Handwerksberufen führt zu steigenden Gehältern und guten Aufstiegschancen.

In der Ausbildung lernst du direkt am Arbeitsplatz, siehst unmittelbar die Ergebnisse deiner Arbeit und verstehst die praktischen Zusammenhänge. Du bist von Anfang an Teil eines Teams und lernst die Unternehmenskultur kennen. Das Ausbildungsgehalt mag anfangs niedrig erscheinen, aber bedenke: Du verdienst von Beginn an und hast keine Studiengebühren oder -kredite zu tilgen.

Die moderne Ausbildung ist dabei weit mehr als nur praktisches Lernen. Die Berufsschule vermittelt auch theoretische Grundlagen und viele Ausbildungsberufe sind heute in technologischer Hinsicht sehr anspruchsvoll. Ein Mechatroniker zum Beispiel braucht fundierte Kenntnisse in Elektronik, Mechanik und Informatik.

Das duale System – das Beste aus beiden Welten?

Ein besonders spannendes Modell ist das duale Studium. Hier verbindest du die Vorteile beider Welten. Du studierst an einer Hochschule und sammelst gleichzeitig praktische Erfahrung in einem Unternehmen. Das bedeutet zwar eine hohe Arbeitsbelastung, bietet aber auch einzigartige Vorteile.

Im dualen Studium wechselst du regelmäßig zwischen Theorie- und Praxisphasen. In der Hochschule lernst du die theoretischen Grundlagen, im Unternehmen wendest du sie direkt an. Dieser ständige Wechsel hilft dir, Zusammenhänge besser zu verstehen, und fördert deine Problemlösungskompetenz. Du siehst sofort, ob beziehungsweise wie das Gelernte in der Praxis funktioniert.

Ein weiterer großer Pluspunkt: das Gehalt während des dualen Studiums. Die meisten Unternehmen zahlen zwischen 800 und 1.500 Euro monatlich, manche sogar mehr. Dazu kommen oft noch Leistungen wie Urlaubsgeld oder Fahrtkostenzuschüsse. Das gibt dir finanzielle Sicherheit während des Studiums und macht dich unabhängig von BAföG oder Elternunterstützung.

Die Übernahmechancen nach einem dualen Studium sind exzellent. Die Unternehmen investieren viel in ihre dualen Studenten und wollen diese Investition natürlich nicht verlieren. Du kennst nach dem Studium bereits alle Abläufe und Kollegen – ein riesiger Vorteil gegenüber externen Bewerbern.

Allerdings solltest du die Herausforderungen nicht unterschätzen. Ein duales Studium erfordert hohe Disziplin und Belastbarkeit. Der Wechsel zwischen Hochschule und Unternehmen bedeutet oft weniger Semesterferien und einen eng getakteten Zeitplan. Auch die Wahl des Studienorts ist eingeschränkt – du musst in der Regel in der Nähe deines Ausbildungsunternehmens studieren.

Die Studienrichtungen im dualen System sind vielfältig. Von klassischen Ingenieurstudiengängen über Wirtschaftsinformatik bis hin zu sozialen Berufen ist vieles möglich. Allerdings gibt es nicht für jeden

Studiengang ein duales Angebot. Besonders in kreativen oder geisteswissenschaftlichen Bereichen sind duale Studiengänge selten.

Ohne Finanzierung geht nichts

Die Finanzierung deiner Ausbildung sollte nicht zur Stolperfalle werden. Neben dem bekannten BAföG gibt es viele weitere Optionen, die sich auch kombinieren lassen. BAföG ist dabei mehr als nur ein Darlehen vom Staat. Es ist ein echtes Förderprogramm, bei dem du maximal die Hälfte zurückzahlen musst.

Besonders clever ist die Rückzahlungsregelung beim BAföG: Der maximale Rückzahlungsbetrag ist auf 10.010 Euro gedeckelt, egal wie viel du insgesamt bekommen hast. Die Rückzahlung beginnt erst fünf Jahre nach Ende der Regelstudienzeit und die monatlichen Raten sind überschaubar. Bei finanziellen Engpässen kannst du zudem Stundung beantragen.

Ein häufig übersehener Aspekt beim BAföG sind die Freibeträge für eigenes Einkommen. Als Student darfst du bis zu 556 Euro monatlich durch Nebenjobs verdienen, ohne dass dein BAföG-Anspruch sinkt (Stand 2025). In den Semesterferien gelten sogar noch großzügigere Regelungen. Diese Kombination aus BAföG und Nebenjob kann dir ein solides finanzielles Polster verschaffen.

Der Stipendien-Dschungel – mehr als nur Geld

Stipendien sind eine oft unterschätzte Goldgrube für Bildungsfinanzierung. Der größte Irrtum dabei: Stipendien seien nur für absolute Überflieger. Tatsächlich gibt es in Deutschland über 2.500 verschiedene Stipendienprogramme mit ganz unterschiedlichen Schwerpunkten. Neben den bekannten Begabtenförderungswerken existieren zahlreiche kleinere Stiftungen, die nach speziellen Kriterien fördern.

Nehmen wir zum Beispiel die kirchlichen Stiftungen: Sie schauen oft weniger auf Noten, sondern mehr auf soziales Engagement. Oder denken wir an regionale Stiftungen, die gezielt Studierende aus bestimmten Städten oder Landkreisen unterstützen. Es gibt sogar Stiftungen, die spezielle Berufsgruppen oder deren Kinder fördern – von Bäckern bis zu Schornsteinfegern.

Die Förderung durch ein Stipendium geht dabei weit über das Finanzielle hinaus. Die meisten Programme bieten ein umfangreiches Bildungsangebot: Workshops zu Soft Skills, Sprachkurse, Führungsseminare oder internationale Austauschprogramme. Dazu kommt das wertvolle Netzwerk der anderen Stipendiaten und Alumni. Diese Kontakte können für deine spätere Karriere Gold wert sein.

Besonders interessant ist das Deutschlandstipendium. Es wird direkt von den Hochschulen vergeben und kombiniert staatliche mit privater Förderung. Die Besonderheit: Du bekommst 300 Euro monatlich zusätzlich zu eventuellem BAföG. Die Förderung ist einkommensunabhängig und wird nicht auf andere Leistungen angerechnet.

Die Bewerbung für ein Stipendium erfordert zwar Aufwand, aber der kann sich enorm lohnen. Wichtig ist eine gründliche Vorbereitung. Dein Motivationsschreiben sollte authentisch sein und deine persönliche Geschichte erzählen. Warum bist genau du der richtige Kandidat? Was macht dich besonders? Welche Ziele verfolgst du?

Studienkredite – das letzte Mittel

Wenn weder BAföG noch Stipendien ausreichen, können Studienkredite eine Option sein. Allerdings rate ich hier zur besonderen Vorsicht. Anders als BAföG sind diese Kredite normale Darlehen, die du vollständig und mit Zinsen zurückzahlen musst. Die Zinssätze und Bedingungen unterscheiden sich dabei erheblich.

Der KfW-Studienkredit ist dabei noch vergleichsweise günstig. Er bietet flexible Auszahlungsbeträge zwischen 100 und 650 Euro monatlich und die Zinsen sind niedriger als bei den meisten privaten Anbietern. Ein besonderer Vorteil: Du musst in der Regel während des Studiums keine Zinsen zahlen, sie werden erst in der Rückzahlungsphase fällig.

Private Studienkredite von Banken locken oft mit höheren Auszahlungsbeträgen, sind aber meist deutlich teurer. Besonders tückisch sind variable Zinssätze – sie können im Laufe der Zeit stark steigen und deine Rückzahlungsbelastung erhöhen. Auch versteckte Gebühren für Kontoführung oder vorzeitige Rückzahlung solltest du im Blick behalten.

Bildungsfonds – das innovative Finanzierungsmodell

Eine spannende Alternative zu klassischen Krediten sind Bildungsfonds. Das Prinzip ist simpel, aber effektiv. Investoren finanzieren deine Ausbildung und im Gegenzug zahlst du später einen festgelegten Prozentsatz deines Einkommens zurück. Der große Vorteil liegt in der einkommensabhängigen Rückzahlung – verdienst du weniger, zahlst du weniger. Das minimiert dein persönliches Risiko erheblich.

Die Konditionen variieren je nach Anbieter. Typischerweise liegt die Rückzahlungsquote zwischen acht und zwölf Prozent deines Bruttoeinkommens, über einen Zeitraum von fünf bis zehn Jahren. Einige Anbieter haben auch eine Maximalgrenze für die Rückzahlung eingebaut – zahlst du diese Summe früher zurück, endet die Verpflichtung vorzeitig.

Besonders interessant sind Bildungsfonds für Studiengänge mit hohem Verdienstpotenzial, etwa im MINT-Bereich oder in der Wirtschaft. Die Investoren setzen darauf, dass du später gut verdienst – damit decken sich ihre Interessen mit deinen perfekt. Viele Fonds bieten zusätzlich Mentoring-Programme oder Karriere-Coaching an.

Lebenslanges Lernen – die neue Normalität

Die Zeiten, in denen man nach der Ausbildung ausgelernt hatte, sind definitiv vorbei. In unserer schnelllebigen Arbeitswelt ist kontinuierliches Lernen nicht mehr optional, sondern überlebensnotwendig.

Untersuchungen zeigen, dass die Halbwertszeit von Fachwissen in technischen Berufen mittlerweile bei etwa zwei bis drei Jahren liegt.

Das klingt erst mal beängstigend, bietet aber auch große Chancen. Durch gezielte Weiterbildung kannst du dich von der Masse abheben und dir neue Karrierewege erschließen. Dabei musst du nicht gleich ein komplettes Zweitstudium absolvieren. Oft reichen gezielte Fortbildungen oder Zertifikate, um dein Profil zu schärfen und dich für neue Aufgaben zu qualifizieren.

Die digitale Revolution hat die Weiterbildungslandschaft komplett verändert. Ob MOOCs (Massive Open Online Courses) von Top-Universitäten, Coding Bootcamps oder spezialisierte Online-Akademien – die Möglichkeiten sind schier endlos. Viele dieser Angebote sind kostenlos oder deutlich günstiger als traditionelle Weiterbildungen.

Ein besonders interessanter Trend sind Micro-Credentials. Das sind kurze, fokussierte Qualifikationen, die spezifische Kompetenzen zertifizieren. Statt eines jahrelangen Studiums machst du genau die Weiterbildungen, die du für deinen nächsten Karriereschritt brauchst. Große Tech-Unternehmen wie Google oder Microsoft bieten mittlerweile eigene Zertifizierungsprogramme an, die in der Branche hoch angesehen sind.

Die Kosten für Weiterbildung kannst du übrigens oft steuerlich absetzen oder über Bildungsgutscheine der Arbeitsagentur finanzieren. Auch viele Arbeitgeber unterstützen Weiterbildungen finanziell oder durch Freistellung – hier lohnt sich definitiv ein Gespräch mit deinem Chef.

Die Investitionsrechnung – lohnt sich Bildung finanziell?

Klar, Bildung hat einen Wert an sich. Aber da wir hier über finanzielle Bildung sprechen, lass uns die Investition in Bildung mal nüchtern durchrechnen. Die Zahlen sind eindeutig. Bildung zahlt sich aus – wenn du es richtig angehst. Eine aktuelle Studie des Instituts für Angewandte Wirtschaftsforschung (IAW) der Universität Tübingen zeigt: Ein Hochschulabschluss bringt im Durchschnitt 400.000 Euro mehr Lebenseinkommen als eine Ausbildung. Das hört sich zwar gut an, aber bei solchen Fakten ist Vorsicht geboten – das sind Durchschnittswerte. Ein Handwerksmeister mit eigenem Betrieb verdient oft deutlich mehr als ein Geisteswissenschaftler im öffentlichen Dienst.

Die reinen Kosten für Bildung setzen sich aus verschiedenen Komponenten zusammen. Bei einem 5-jährigen Studium musst du etwa mit folgenden Ausgaben rechnen:

» **Lebenshaltungskosten**: circa 800 Euro monatlich, macht über fünf Jahre hinweg 48.000 Euro
» **Semesterbeiträge**: durchschnittlich 300 Euro pro Semester, also 3.000 Euro insgesamt
» **Lernmaterialien und technische Ausstattung**: etwa 2.000 Euro
» **Eventuell Studiengebühren bei privaten Hochschulen**

Dem stehen die entgangenen Einkommen gegenüber – das Geld, das du in dieser Zeit hättest verdienen können. Bei einer Ausbildung verdienst du im Durchschnitt 850 Euro im ersten bis 1.200 Euro im dritten Jahr. Nach der Ausbildung liegt das Einstiegsgehalt oft bei 2.500 Euro brutto.

Aber Bildung ist mehr als nur eine finanzielle Investition. Sie gibt dir Flexibilität und Sicherheit in einer sich wandelnden Arbeitswelt. Statistiken zeigen: je höher der Bildungsabschluss, desto geringer das Risiko der Arbeitslosigkeit. Auch die Arbeitsbedingungen und Aufstiegschancen sind bei einem höheren Bildungsabschluss oft besser.

Bildung in der digitalen Ära

Die Coronapandemie hat die Bildungslandschaft nachhaltig verändert. Digitales Lernen ist vom Notfallmodus zum festen Bestandteil moderner Bildung geworden. Diese Entwicklung bietet dir völlig neue Möglichkeiten: Du kannst Vorlesungen international renommierter Professoren hören, in virtuellen Teams mit Menschen aus aller Welt zusammenarbeiten und dein Lerntempo selbst bestimmen.

Virtual Reality und Augmented Reality revolutionieren die Art, wie wir lernen. Statt trockener Theorie kannst du komplexe Konzepte in 3D-Simulationen erleben. Medizinstudenten üben Operationen in VR-Umgebungen, angehende Mechaniker trainieren an digitalen Zwillingen realer Maschinen.

Durch künstliche Intelligenz wird Lernen zunehmend personalisiert. Adaptive Lernsysteme erkennen deine Stärken und Schwächen und passen den Lernstoff entsprechend an. Sie identifizieren Wissenslücken und schlagen gezielt Übungen vor. Das macht Lernen effizienter und motivierender.

Die Zukunft der Bildung – deine Chancen

Die Arbeitswelt verändert sich rasant. Eine Studie von Dell Technologies und des Institute For The Future (IFTF) prognostiziert, dass bis 2030 etwa 85 Prozent der Jobs, die dann existieren werden, heute noch gar nicht erfunden sind. Das bietet dir riesige Chancen. Wer sich jetzt richtig positioniert und in seine Bildung investiert, kann von dieser Entwicklung enorm profitieren. Besonders spannend sind die entstehenden Hybridberufe, die verschiedene Kompetenzbereiche verbinden. So kombiniert etwa der „Digital Ethics Officer" technisches Verständnis mit ethischer Kompetenz, während der „Sustainability Manager" betriebswirtschaftliches Know-how mit Umweltexpertise verknüpft. Solche Kombinationen werden immer wichtiger.

Die Grenzen zwischen formaler und informeller Bildung verschwimmen zunehmend. Unternehmen schauen heute weniger auf traditionelle Abschlüsse, sondern mehr auf konkrete Fähigkeiten und Projekterfahrung. Ein GitHub-Portfolio mit eigenen Coding-Projekten kann manchmal wertvoller sein als ein Informatik-Diplom. Ein erfolgreicher YouTube-Kanal zeigt mehr über deine Marketingfähigkeiten als ein BWL-Studium.

Neue Bildungsformate entstehen: Nano-Degrees, Bootcamps oder projektbasiertes Lernen in der Praxis. Diese Formate sind oft kürzer und praxisorientierter als traditionelle Bildungswege. Sie erlauben dir, schnell neue Kompetenzen aufzubauen und flexibel auf Marktanforderungen zu reagieren.

Der Trend zum „Portfolio-Worker" verstärkt sich – Menschen, die verschiedene Tätigkeiten und Kompetenzen kombinieren. Statt einer linearen Karriere entwickelst du ein Portfolio an Fähigkeiten und Projekten. Das macht dich unabhängiger von einzelnen Arbeitgebern und resistenter gegen Marktveränderungen.

Dabei wird lebenslanges Lernen zur Normalität. Die Vorstellung, mit Mitte zwanzig ausgelernt zu haben, ist überholt. Stattdessen wechseln sich Phasen des Arbeitens und Lernens ab. Viele Unternehmen bieten bereits „Sabbaticals" oder „Bildungsauszeiten" an, um Mitarbeitern Raum für Weiterbildung zu geben.

Ein wichtiger Aspekt dabei ist die Work-Learn-Life-Balance. Wie integrierst du kontinuierliches Lernen in deinen Alltag, ohne auszubrennen? Wie findest du die richtige Balance zwischen Job, Weiterbildung und Privatleben? Hier entwickeln sich neue Modelle wie „Micro-Learning" – kurze, fokussierte Lerneinheiten, die du flexibel in deinen Tag integrieren kannst. Die Finanzierung von lebenslangem Lernen wird dabei zu einer gesellschaftlichen Herausforderung. Erste Ansätze wie das „Bildungssparen" oder „Weiterbildungsfonds" werden diskutiert. Einige Länder experimentieren bereits mit „Bildungskonten", auf denen Bürger Bildungsguthaben ansparen können.

Bildung bleibt der Schlüssel zu persönlichem und finanziellem Erfolg – aber die Art, wie wir lernen und uns weiterbilden, verändert sich grundlegend. Wer diese Veränderungen versteht und für sich nutzt, hat beste Chancen in der Arbeitswelt von morgen. Weiterführende Links mit Tipps sowie Weiterbildungsmöglichkeiten findest du auf timo-finanztipp.de.

30 KARRIEREPLANUNG – DEIN WEG ZUM BERUFLICHEN ERFOLG

In einer Welt, die sich ständig verändert, ist eine durchdachte Karriereplanung wichtiger denn je. Viele meiner Leser fragen sich: „Wie kann ich in diesem Chaos den Überblick behalten?“ Die gute Nachricht ist: Du musst nicht die nächsten 30 Jahre deines Berufslebens bis ins kleinste Detail planen. Viel wichtiger ist es, die richtigen Weichen zu stellen und flexibel zu bleiben.

Der Schlüssel zum Erfolg liegt darin, eine Balance zwischen konkreten Zielen und der nötigen Anpassungsfähigkeit zu finden. Die Arbeitswelt von heute gleicht eher einem Dschungel als einer gepflasterten Straße. Neue Technologien, Berufsbilder und Arbeitsformen entstehen, während andere verschwinden. Das mag zunächst beängstigend klingen, bietet aber auch ungeahnte Chancen.

Die Kunst der strategischen Karriereplanung

Statt starrer 5-Jahres-Pläne braucht es heute eine agile Herangehensweise. Betrachte deine Karriere als Forschungsreise: Du hast ein Ziel vor Augen, aber der genaue Weg dorthin kann sich ändern. Manchmal findest du spannende Abzweigungen oder musst Umwege in Kauf nehmen. Das Wichtigste ist, dass du die grobe Richtung kennst und die nötige Ausrüstung dabeihast.

Diese „Ausrüstung“ besteht aus verschiedenen Elementen. An erster Stelle stehen deine Kernkompetenzen – die Fähigkeiten, die dich wirklich auszeichnen. Dabei geht es nicht nur um fachliches Wissen, sondern auch um Soft Skills wie Kommunikationsfähigkeit, Teamarbeit oder Problemlösungskompetenz. Diese Kombination macht dich einzigartig und wertvoll für Arbeitgeber.

Ein oft unterschätzter Aspekt ist die emotionale Intelligenz. In einer Zeit, in der künstliche Intelligenz immer mehr technische Aufgaben übernimmt, werden menschliche Fähigkeiten wie Empathie, Kreativität und soziales Gespür immer wichtiger. Diese Eigenschaften lassen sich nicht einfach programmieren – sie sind dein Wettbewerbsvorteil in einer zunehmend digitalisierten Arbeitswelt.

Die Macht der Selbstreflexion

Bevor du konkrete Karriereziele definierst, ist eine ehrliche Selbstanalyse wichtig. Was treibt dich wirklich an? Welche Aufgaben geben dir Energie, welche rauben sie dir? Diese Fragen klingen banal, werden aber oft übersehen. Viele Menschen orientieren sich zu sehr an äußeren Erwartungen oder vermeintlichen Prestigeberufen, anstatt auf ihre innere Stimme zu hören.

Ein praktischer Ansatz ist das „Energy Mapping": Führe über einige Wochen ein kleines Tagebuch, in dem du festhältst, welche Tätigkeiten dich begeistern und welche dich ermüden. Achte dabei nicht nur auf die offensichtlichen Aspekte wie das Gehalt, sondern auch auf die Arbeitsumgebung, die Art der Aufgaben und die Menschen, mit denen du zusammenarbeitest.

Besonders wichtig ist dabei der Unterschied zwischen intrinsischer und extrinsischer Motivation. Während extrinsische Faktoren wie Gehalt oder Status kurzfristig motivieren können, sorgt intrinsische Motivation – also die Freude an der Tätigkeit selbst – für langfristige Zufriedenheit. Das bedeutet nicht, dass materielle Aspekte unwichtig sind. Es geht vielmehr darum, eine gesunde Balance zu finden.

Die Entwicklung deiner persönlichen Marke

In der modernen Arbeitswelt bist du mehr als nur ein Lebenslauf. Du bist eine Marke – mit eigenen Werten, Stärken und einem einzigartigen Profil. Diese „Personal Brand" zu entwickeln und zu pflegen, ist ein wichtiger Teil der Karriereplanung. Dabei geht es nicht darum, ein künstliches Image aufzubauen, sondern deine eigenen Stärken sichtbar zu machen.

Ein starkes berufliches Profil basiert auf drei Säulen: deiner Expertise, deiner Persönlichkeit und deiner Vernetzung. Die Expertise umfasst dein Fachwissen und deine praktischen Fähigkeiten. Die Persönlichkeit zeigt sich in deinem Kommunikationsstil, deinen Werten und deiner Art, Probleme anzugehen. Die Vernetzung schließlich ist dein soziales und berufliches Netzwerk – die Menschen, die dich kennen, schätzen und weiterempfehlen.

Die digitale Dimension der Karriereplanung

Die Digitalisierung hat die Art, wie wir Karriere machen, grundlegend verändert. Soziale Netzwerke wie LinkedIn sind heute keine optionale Ergänzung mehr, sondern ein zentrales Werkzeug der Karriereentwicklung. Dein digitales Profil ist oft der erste Eindruck, den potenzielle Arbeitgeber oder Geschäftspartner von dir bekommen.

LinkedIn ist dabei mehr als nur ein Online-Lebenslauf. Die Plattform bietet die Möglichkeit, dich als Experte in deinem Bereich zu positionieren. Durch das Teilen relevanter Inhalte, die Teilnahme an Fachdiskussionen und den Aufbau eines professionellen Netzwerks schaffst du dir eine digitale Präsenz, die Türen öffnen kann. Wichtig ist dabei die Balance zwischen Aktivität und Authentizität. Niemand erwartet, dass du täglich Posts verfasst, aber regelmäßige, durchdachte Beiträge zeigen dein Engagement und deine Expertise.

Die Kunst des strategischen Netzwerkens

Networking hat oft einen schlechten Ruf – zu Unrecht. Es geht nicht darum, oberflächliche Kontakte zu sammeln oder sich anzubiedern. Echtes Networking bedeutet, authentische berufliche Beziehungen aufzubauen, die auf gegenseitigem Nutzen und Respekt basieren. Der Schlüssel liegt darin, zuerst zu geben, bevor du nimmst. Das kann bedeuten, dein Wissen zu teilen, anderen mit deinen Fähigkeiten zu helfen oder interessante Kontakte zu vermitteln.

Ein besonders wertvolles Instrument sind Mentoring-Beziehungen. Ein guter Mentor kann dir nicht nur wertvolle Einblicke und Ratschläge geben, sondern auch Türen öffnen und dich vor typischen Karrierefallen warnen. Dabei muss ein Mentor nicht unbedingt der CEO eines großen Unternehmens sein. Oft sind Menschen, die einige Jahre Vorsprung in deinem Berufsfeld haben, die besseren Ratgeber, weil sie die aktuellen Herausforderungen noch gut kennen.

Work-Life-Integration statt Work-Life-Balance

Beim Begriff Work-Life-Balance nimmt man zuerst an, dass Arbeit und Leben getrennte Bereiche sind, die es auszubalancieren gilt. Die Realität ist komplexer. In einer Zeit, in der die Grenzen zwischen Beruf und Privatleben zunehmend verschwimmen, ist es wichtiger, eine gesunde Integration beider Bereiche zu erreichen. Das bedeutet nicht, dass du rund um die Uhr erreichbar sein musst. Im Gegenteil: Es geht darum, bewusst zu entscheiden, wann und wie du arbeiten möchtest.

Ein moderner Ansatz ist das Konzept des „Work-Life-Blending“. Statt strikte Grenzen zu ziehen, geht es darum, Arbeit und Privatleben so zu vermischen, dass beides sich gegenseitig bereichert. Das kann bedeuten, vormittags Sport zu machen und dafür abends noch Mails zu beantworten, oder einen Nachmittag im Homeoffice zu arbeiten, um Zeit mit der Familie zu verbringen.

Die Bedeutung von Auszeiten

In einer schnelllebigen Arbeitswelt werden bewusste Pausen immer wichtiger. Das betrifft sowohl kleine Auszeiten im Arbeitsalltag als auch längere Breaks wie Sabbaticals. Solche Pausen sind keine Zeitverschwendung, sondern Investitionen in deine Leistungsfähigkeit und Kreativität. Sie geben dir die Möglichkeit, Abstand zu gewinnen, neue Perspektiven zu entwickeln und deine Ziele zu überdenken.

Ein dabei unterschätzter Aspekt ist die Bedeutung von „Deep Work" – also Phasen konzentrierter, ungestörter Arbeit. In einer Welt voller Ablenkungen durch Smartphones, Meetings und Instant Messaging wird die Fähigkeit, sich wirklich in eine Aufgabe zu vertiefen, zu einer Schlüsselkompetenz. Plane deshalb bewusst Zeitblöcke ein, in denen du offline bist und dich voll auf wichtige Aufgaben konzentrieren kannst.

Die neue Arbeitswelt gestalten

Als Teil der jungen Generation hast du die Chance, die Arbeitswelt aktiv mitzugestalten. Viele traditionelle Strukturen und Arbeitsweisen werden hinterfragt und neu gedacht. Nutze diese Möglichkeit, um Arbeitsmodelle zu entwickeln, die zu dir und deinen Werten passen. Das kann bedeuten, klassische Karrierepfade zu verlassen, mehrere Standbeine aufzubauen oder neue Formen der Zusammenarbeit zu erproben.

Ein wichtiger Trend ist dabei das „Portfolio Working" – also die Kombination verschiedener beruflicher Aktivitäten. Statt sich auf einen einzelnen Job zu verlassen, entwickeln immer mehr Menschen ein Portfolio aus verschiedenen Tätigkeiten. Das können ein Hauptjob kombiniert mit einem Side Business oder mehrere freiberufliche Projekte sein. Diese Diversifikation bietet nicht nur finanzielle Sicherheit, sondern auch mehr Flexibilität und Entwicklungsmöglichkeiten.

Vom Karriereplan zur Realität

Die beste Planung nützt nichts ohne konkrete Umsetzung. Der Übergang von der Theorie in die Praxis ist oft der schwierigste Teil. Eine bewährte Methode ist das „Rückwärtsplanen“: Statt von deiner aktuellen Situation auszugehen, beginnst du mit deinem langfristigen Ziel und arbeitest dich von dort rückwärts. Was musst du in fünf Jahren erreicht haben, um dein Ziel zu erreichen? Was in drei Jahren? Was im nächsten Jahr?

Besonders wichtig ist dabei der Aufbau von Zwischenzielen. Diese sollten konkret, messbar und realistisch sein. Statt „Ich will erfolgreich sein.“ könnte ein Zwischenziel lauten: „In den nächsten sechs Monaten will ich drei neue Fähigkeiten entwickeln, die in meiner Branche gefragt sind.“ Solche konkreten Ziele lassen sich leichter verfolgen und geben dir ein Gefühl von Fortschritt.

Die Bedeutung von Feedback-Schleifen

Regelmäßiges Feedback ist ein wichtiger Baustein erfolgreicher Karriereentwicklung. Dabei geht es nicht nur um formelle Mitarbeitergespräche, sondern auch um informelles Feedback von Kollegen, Mentoren oder Kunden. Entwickle die Fähigkeit, konstruktive Kritik nicht als Angriff, sondern als Chance zur Verbesserung zu sehen.

Eine effektive Methode ist das „360-Grad-Feedback“, bei dem du Rückmeldungen aus verschiedenen Perspektiven sammelst. Das können Vorgesetzte sein, aber auch Kollegen, Mitarbeiter oder externe Partner. Diese unterschiedlichen Blickwinkel helfen dir, blinde Flecken zu erkennen und dein Selbstbild mit der Fremdwahrnehmung abzugleichen.

Resilienz und Umgang mit Rückschlägen

Karrierewege verlaufen selten geradlinig. Rückschläge, Umwege und Veränderungen gehören dazu. Die entscheidende Frage ist nicht, ob du Rückschläge erlebst, sondern wie du damit umgehst. Resilienz – also die Fähigkeit, mit Krisen und Veränderungen umzugehen – wird zu einer Schlüsselkompetenz.

Ein wichtiger Aspekt dabei ist die Entwicklung eines „Growth Mindset". Das bedeutet, Herausforderungen nicht als Bedrohung, sondern als Chance zum Lernen und Wachsen zu sehen. Wenn ein Projekt scheitert oder eine Bewerbung abgelehnt wird, frag dich: Was kann ich daraus lernen? Wie kann ich diese Erfahrung für meine weitere Entwicklung nutzen?

Mit diesen Grundlagen und Strategien bist du gut gerüstet für deine persönliche Karriereplanung. Denk daran: Es geht nicht darum, den perfekten Plan zu haben, sondern darum, bewusste Entscheidungen zu treffen und flexibel auf Veränderungen zu reagieren. Deine Karriere ist keine vorgezeichnete Autobahn, sondern ein Pfad, den du selbst gestaltest. Mit der richtigen Einstellung, kontinuierlichem Lernen und einem starken Netzwerk kannst du die Herausforderungen der modernen Arbeitswelt meistern und deine beruflichen Ziele erreichen.

SCHLUSSWORT – DER START IN DEINE FINANZIELLE ZUKUNFT

Wow, was für eine Reise liegt hinter uns! Als ich anfing, dieses Buch zu schreiben, war mein größter Wunsch, dir einen praktischen Wegweiser für deine finanzielle Zukunft an die Hand zu geben. Nun, am Ende dieser gemeinsamen Reise, hoffe ich, dass genau das gelungen ist. Aber lass uns noch einmal gemeinsam zurückblicken und nach vorn schauen.

Der rote Faden unserer Finanzreise

Weißt du noch, wie wir ganz am Anfang über die Grundlagen des Geldes gesprochen haben? Wie Geld funktioniert, warum wir es brauchen und welche Rolle es in unserem Leben spielt? Das war der Startpunkt unserer Reise. Von dort aus haben wir uns Schritt für Schritt durch die verschiedenen Bereiche deiner persönlichen Finanzen gearbeitet.

Besonders wichtig war mir dabei, dir zu zeigen, dass Finanzbildung nichts Trockenes oder Langweiliges sein muss. Im Gegenteil – es ist der Schlüssel zu einem selbstbestimmten Leben. Denk nur an die verschiedenen Themen, die wir behandelt haben: vom klugen Umgang mit dem ersten eigenen Gehalt über verschiedene Sparmöglichkeiten bis hin zu Investitionen und Altersvorsorge.

Ein Aspekt, der sich wie ein roter Faden durch das Buch zieht, ist die Bedeutung von bewussten Entscheidungen. Ich habe dir gezeigt, dass es beim Umgang mit Geld selten ein eindeutiges Richtig oder

Falsch gibt. Stattdessen kommt es darauf an, informierte Entscheidungen zu treffen, die zu deiner persönlichen Situation und deinen Zielen passen.

Die Werkzeuge für deine finanzielle Zukunft

Im Laufe des Buches hast du verschiedene Werkzeuge kennengelernt, die dir helfen, deine Finanzen selbst in die Hand zu nehmen. Da ist zum einen das Budgeting – die Kunst, den Überblick über Einnahmen und Ausgaben zu behalten. Wir haben besprochen, wie du ein realistisches Budget erstellst und es auch einhältst, ohne dabei auf alles verzichten zu müssen.

Ein weiteres wichtiges Werkzeug ist das Verständnis für verschiedene Anlageformen. Du weißt jetzt, dass es mehr Möglichkeiten gibt als das klassische Sparbuch. Von ETFs über Immobilien bis hin zu nachhaltigen Investments – du kennst die Vor- und Nachteile verschiedener Anlagestrategien und kannst einschätzen, was zu dir passt.

Besonders am Herzen lag mir das Thema Vorsorge. Nicht nur die klassische Altersvorsorge, sondern auch der Schutz vor unerwarteten Ereignissen durch sinnvolle Versicherungen. Du weißt jetzt, welche Versicherungen wirklich wichtig sind und bei welchen du getrost sparen kannst.

Der Weg zur finanziellen Freiheit

Ein Punkt, den ich immer wieder betont habe, ist die Bedeutung der frühzeitigen Beschäftigung mit Finanzen. Je früher du anfängst, dich mit deinen Finanzen auseinanderzusetzen, desto mehr Möglichkeiten hast du. Der Zinseszinseffekt ist dabei dein bester Freund – aber nur, wenn du ihm auch Zeit zum Wirken gibst.

Dabei geht es nicht darum, ein Finanzgenie zu werden oder jeden Cent dreimal umzudrehen. Viel wichtiger ist es, ein gesundes Verhältnis zu Geld zu entwickeln. Geld ist weder gut noch schlecht – es ist ein Werkzeug, das dir hilft, deine Ziele zu erreichen und das Leben zu führen, das du dir wünschst.

Die nächsten Schritte

Jetzt fragst du dich vielleicht: „Und was mache ich mit all diesem Wissen?" Der wichtigste Schritt ist, anzufangen. Du musst nicht alles auf einmal umsetzen. Fang mit kleinen Schritten an. Vielleicht erstellst du zunächst ein einfaches Budget oder richtest einen Sparplan ein. Oder du überprüfst deine Versicherungen und kündigst diejenigen, die du nicht wirklich brauchst.

Das Wichtigste ist, dass du am Ball bleibst. Finanzbildung ist kein Sprint, sondern ein Marathon. Die Finanzwelt verändert sich ständig, neue Produkte kommen auf den Markt, Gesetze ändern sich. Bleib neugierig und offen für Neues, aber behalte immer deine langfristigen Ziele im Blick.

Deine persönliche Finanzstrategie

Eine Erkenntnis, die sich durch das gesamte Buch zieht, ist die Bedeutung einer persönlichen Finanzstrategie. Jeder Mensch ist anders, hat andere Ziele, andere Vorstellungen vom Leben. Was für den einen perfekt ist, kann für den anderen völlig unpassend sein. Deshalb ist es so wichtig, dass du deinen eigenen Weg findest.

Dabei darfst du ruhig experimentieren und auch mal Fehler machen. Aus Fehlern lernt man bekanntlich am besten. Wichtig ist nur, dass diese Fehler nicht zu teuer werden. Deshalb habe ich dir immer wieder Hinweise gegeben, worauf du achten solltest und welche Fallen es zu vermeiden gilt.

Der Blick nach vorn

Die Finanzwelt steht vor großen Veränderungen. Digitalisierung, neue Zahlungsmethoden, innovative Anlageformen – es tut sich derzeit unglaublich viel. Das mag manchmal überfordernd wirken, bietet aber auch riesige Chancen. Mit dem Wissen aus diesem Buch bist du gut gerüstet, um diese Chancen zu erkennen und zu nutzen.

Bleib dabei immer kritisch und hinterfrage Angebote, die zu gut klingen, um wahr zu sein. Vertraue deinem gesunden Menschenverstand und dem Wissen, das du dir angeeignet hast. Und denk immer daran: Es ist dein Geld, es sind deine Entscheidungen und es ist dein Leben.

Dein Weg zur finanziellen Freiheit hat gerade erst begonnen. Dieses Buch war nur der erste Schritt. Nutze die Werkzeuge und das Wissen, das du hier bekommen hast, aber bleib nicht stehen. Die Finanzwelt entwickelt sich ständig weiter und du solltest das auch tun.

Ich wünsche dir viel Erfolg auf deinem weiteren Weg und hoffe, dass dieses Buch dir dabei hilft, deine finanziellen Ziele zu erreichen. Denk immer daran: Finanzielle Freiheit bedeutet nicht, reich zu sein. Es bedeutet, die Kontrolle über das eigene Geld zu haben, und nicht umgekehrt.

Die Reise geht weiter – deine Reise. Und ich bin mir sicher, sie wird spannend und erfolgreich sein. Alles Gute dabei!

DANKSAGUNG

Mein herzlicher Dank gilt Claus Rosenkranz, der schon vor dem ersten Kapitel Struktur, Ton und Zielgruppe mit mir absteckte. Sebastian Politz und Merle Gailing haben das Manuskript mit klarem Blick lektoriert und jeder Idee den nötigen Feinschliff gegeben.

Den visuellen Charakter dieses Buches verdanke ich Maja Hempfling und Daniela Freitag, deren Grafiken Zahlen verständlich und Seiten lebendig machen.

Dem gesamten Team des Börsenbuchverlags um Geschäftsführer Sebastian Grebe danke ich für Vertrauen, Produktion und den gemeinsamen Glauben, dass Finanzbildung begeistern kann.

Von Herzen danke ich meiner Frau Franziska Nützel für Geduld, Rückhalt und die ungezählten Abende, an denen sie das Abendessen warmhielt, während ich noch an den Kapiteln feilte.

Und schließlich danke ich euch Lesern: Möge dieses Buch euch ermutigen, eure finanzielle Zukunft selbstbewusst in die Hand zu nehmen.